Bruno-Paul de Roeck / Joos van den Abeele

W0245615

Leben lernen, statt gelebt zu werden

Ein praktischer Lebensunterricht

Burckhardthaus-Laetare Verlag, Offenbach

Die Originalausgabe erschien unter dem Titel
„Liever leren dan afleren: praktische levenslessen"
© 1985 Bruno-Paul de Roeck/Joos van den Abeele, Bambrugge;
Uitgeverij De Toorts, Haarlem

Aus dem Niederländischen übersetzt von Helmi Raatschen

© 1988 Burckhardthaus-Laetare Verlag, Offenbach/M.
Alle Rechte der deutschen Ausgabe vorbehalten.

Sämtliche Zeichnungen mit Ausnahme der Zeichnungen aus
Fallbeispielen: Bruno-Paul de Roeck
Umschlaggestaltung unter Verwendung einer Zeichnung des Autors:
Joachim Emrich, Gelnhausen
Satz: Uhl + Massopust GmbH, Aalen
Druck und Verarbeitung: RGG-Druck, Braunschweig
Printed in Germany

CIP-Titelaufnahme der Deutschen Bibliothek

Roeck, Bruno-Paul de: Leben lernen, statt gelebt zu werden:
e. prakt. Lebensunterricht / Bruno-Paul de Roeck; Joos van den Abeele.
[Aus d. Niederländ. übers. von Helmi Raatschen]. –
Offenbach/M.: Burckhardthaus-Laetare-Verl., 1988

Einheitssacht.: Liever leren dan afleren ⟨dt.⟩
ISBN 3-7664-9252-7

NE: Abeele, Joos van den:

Inhaltsverzeichnis

Vorwort

Dieser „Kurs: Lebensunterricht" ist im Laufe vieler Jahre zu seiner jetzigen Form herangereift.
Teile dieses Buches sind bereits früher in verschiedenen Zeitschriften in holländischer Sprache erschienen und auch in Publikationen des Burckhardthaus-Laetare Verlags zu finden, z. B. in: „Dein eigener Freund werden – Wege aus der Lauernuß" (1983), „Jeder ist seines Unglücks Schmied" (1984), „Gut und Böse – Ethik in der Gestalttherapie" (1985).
Inzwischen haben bereits viele Menschen nach diesen Anregungen gearbeitet. Ihre Erfahrungen waren nicht nur Ansporn, die Lektionen fortzusetzen, sondern sie führten auch zur Vervollständigung der Regieanweisungen.
Dieser Lebensunterricht, oder Teile daraus, ist in erster Linie für Menschen gedacht, die an sich selbst arbeiten wollen, darüber hinaus aber wird er auch in Unterricht, Erwachsenenbildung, Sozialarbeit und Gesundheitsfürsorge angewandt. Beispielsweise dient er in Holland als Material für den sozialwissenschaftlichen Unterricht, für Praktische Ärzte, Fortbildungskurse, Management-Training und in der Ausbildung von Pflegepersonal. Auch in Gruppen zur persönlichen Weiterbildung (VHS usw.) oder zur beruflichen Fortbildung lernen Menschen, mit diesen Lektionen zu arbeiten.

EINLEITUNG

Lernen aus erster Hand

Es war einmal ein Mensch*, der für sich selbst die Dinge des Lebens auswählen wollte, weil des Lebens Wurzeln in ihm selbst lagen. Er wollte alleine herausfinden, wohin er ging, weil er überzeugt war, aus sich heraus zu wissen, wo seine Bestimmung lag, obwohl er dieses Wissen noch nicht in Worte fassen konnte. Er wollte „aus erster Hand lernen". Und wenn er sagte: „Aus erster Hand lernen", dann straffte sich sein Rücken und der junge Forscher erwachte in ihm. Der Jagdhund in ihm witterte und lauschte, um sich von innen heraus zu orientieren. Die Füße spürten den Grund, und die Augen konnten sich mit den Dingen um ihn her unterhalten, ohne daß er dazu Worte gebraucht oder den Mund hätte auftun müssen. Er atmete tief wie ein Baron auf dem eigenen Landsitz.

Um seinen Lernprozeß zu beschleunigen, ging er in „die Lehre", aber in allen Schulen, die er besuchte, erging es ihm so, daß ihm nach einer Weile die Schultern herabhingen, sein innerer Jagdhund und der junge Forscher nach und nach verkümmerten, die Füße lahm, die Augen matt und der Bauch kalt wurden.

In den meisten Schulen mußte er sich den angeblich befreienden Zwängen anderer Leute ausliefern und das eigene lebendige Erforschen einengen. Er mußte schlucken und blindlings annehmen, bis er nicht mehr wie der Herr auf eigenem Hof atmen konnte. Andere sagten ihm, was richtig war und was sein mußte, was gut und was besser, was „a" und was „b" war. Oder man schwätzte ihm glänzende Ideen auf, die schön, tief, zusammenhängend und

* Der „Mensch" in dieser Geschichte ist natürlich „sie" oder „er", je nachdem, wer es liest. Dieser Mensch ist noch nicht so weit, denn er ist noch damit beschäftigt, das Leben zu leben.

edel waren; die ihm das Gefühl gaben, mehr zu sein, als er war, und denen er manchmal eine Weile verfiel. Aber das Gebiß wurde ihm stumpf dabei, und der Jagdhund und der junge Forscher in ihm wurden den „Mitteln" hörig.

Ich will damit nicht behaupten, daß er von den Schulungen nichts profitierte. Im Gegenteil. Es gab eine Menge nützlicher Informationen, die er als sehr wichtiges Material im Rucksack mitschleppte. Als er auch darunter wieder gebückt ging, entschloß er sich, sein Gepäck noch einmal kritisch unter die Lupe zu nehmen – gemeinsam mit seinem jungen Forscher, seinem Baron und Hofherrn, seinem Jagdhund, seinem Bauch, seinem Atem, den Füßen und Augen, wobei alle zusammen mit Stimm- und Vetorecht am runden Tisch sitzen sollten.

Das ganze Gepäck wurde auf dem Konferenztisch ausgebreitet und auf der Waagschale des Lebens gewogen. Was schließlich übrig blieb, war nicht mehr als ein Kieselstein. Er konnte ihn in die Tasche stecken und fühlte sich sicher. Niemand würde jemals versuchen, ihm den abzunehmen; Konkurrenz brauchte er nicht mehr zu fürchten. Am Schluß der Besprechung sollte bei einer Umfrage jeder der Anwesenden angeben, was denn dieser Kieselstein nun eigentlich bedeute. Nur die Frage wurde zu Protokoll genommen und von den Anwesenden in drei Punkten zusammengefaßt:

Erstens: Was da ist, ist da. Jeder andere Ausgangspunkt ist erlogen. Der ganze Krempel läuft, wie's eben läuft.

Zweitens: Das Leben ist eine Einheit und schlicht: wie ein Kieselstein. Der Preis jedoch ist hoch (für viele Menschen zu hoch?). Wir müssen es selbst urbar machen, erwerben, entdecken und ein Leben lang darum kämpfen. Sonst hat es keinen Wert.

Drittens: Die aufmerksame Hingabe des Forschers, der untersucht, was ist, und nicht, was sein sollte, ist unser wichtigstes Instrument. Lernen bedeutet immer: unterwegs selbst entdeckt; aus der „eigenen Haut" herausguckend entdeckt; aus erster Hand.

Lieber lernen als an- oder abgewöhnen

Verändertes Zusammenleben

Vieles, was Menschen früher aus ihrer Lebensumwelt erlernten, bleibt ihnen heute im allgemeinen fremd. In der Großfamilie lernten sie die verschiedenartigsten Beziehungen kennen, die es jetzt so nicht mehr gibt. Die Kinder wuchsen zwischen alten Menschen mit ihrer gereiften Weisheit oder Torheit auf. Heute geschieht Altwerden meist nur noch in Altersheimen, nicht zu nah bei Kindern und dem normalen Leben. Dadurch ist Altwerden unheimlich geworden, der Reichtum des Alterns ist vielen Menschen verschlossen. Die Pflegebedürftigen bleiben meistens nicht mehr zuhause innerhalb der Familie, sondern werden in Pflegeheime abgeschoben. Damit ist Kranksein und Sterben zu etwas Technischem, Chemischem und Medizinischem geworden anstelle eines Teils des Lebens.
Aus der gewohnten Umgebung entfernt zu werden wird für viele zur bedrohlichen Strafe. Auch Geburten kommen kaum noch zuhause vor. Gebären hat nur noch etwas mit einem medizinischen Team zu tun, statt mit den Hausgenossen; es wird als Krankheit angesehen. Gebärende Mütter nennt man im Krankenhaus ja auch nicht Mütter, sondern Patientinnen.
Der Sozialstaat bietet auf vielen Gebieten Versorgung, Bequemlichkeit und Luxus. Früher gab es dafür die Kirche. Sie unterdrückte nicht nur, sondern bot auch Fürsorge und verkündete im Namen der „Höchsten Denkbaren Autorität“, daß alles, was man verbrochen hatte, vergeben wurde: Schwamm drüber! Selbst wenn du alles verkorkst hast, bist du nicht verloren und darfst ein Königskind sein. Diese Versöhnung ist jetzt nur noch wenigen Menschen vorbehalten. Du bist selbst zur höchsten inneren

Autorität erhoben worden. Das bedeutet, daß du dir selbst deine eigene Niederträchtigkeit verzeihen mußt und nur hoffen kannst, daß dir dein Partner und deine Freunde darin beipflichten. Es garantiert kein Gott mehr dafür, daß du eine neue Chance bekommst.

Aber laßt uns nicht nostalgisch werden, denn in der Schule lernten wir damals vor allem, uns anzupassen und uns zu unterwerfen. Lernen war hauptsächlich An- oder Abgewöhnen. Das ging so weit, daß man manchmal eine Macke davon zurückbehielt und daß mancher diese Macke kaum jemals überwinden kann. Wir lernten, hart zu unserem Körper zu sein, und wir verlernten, auf die Signale zu achten, die unser Leib als Barometer ständig aussendet. Wir lernten, etwas zu leisten und zu streben und unsere Identität von bestimmten Zensuren abhängig zu machen; und „die anderen" dabei als unsere Konkurrenten anzusehen. Wir lernten, keine eigenen Gedanken aufkommen zu lassen, sondern die Gedanken von Lehrern und Schriftstellern zu wiederholen, als seien es unsere eigenen.

Aufs Ganze gesehen haben wir nur eine lückenhafte Ausrüstung mitbekommen, um im Leben bestehen zu können. Für manche Lebensbereiche sind wir „ungebildet". Das liegt am Unterricht, den wir erhielten, der mehr auf ein Ansammeln von Informationen ausgerichtet war als auf den Erwerb von Einsichten. Daß wir „ungebildet" sind, empfinden wir besonders in Momenten, in denen es nicht nur darum geht, uns anzupassen, sondern um ein Wählen, um Entscheidung, um selbst zu leben.

Die Marktlücke

Diese Lücken in unserer Lebensausrüstung sind das Arbeitsfeld der Therapeuten geworden. Der Nachteil ist, daß Menschen dabei leicht zu Patienten gemacht werden, während sie doch nur durch gewisse Umstände einige Dinge, die zum einzigartigen Leben notwendig sind, nicht gelernt haben, sich gute Eigenschaften ab- und Dummheiten angewöhnten.

Therapie war und ist eine Möglichkeit, diese Lücke zu schließen. Sie ist eine Lösung, die – aus Mangel an Besserem – nur einigen Leuten Nutzen bringt. Es gibt jedoch auch noch andere Wege, mehr im Leben selbst begründete, um das, was du nicht gelernt hast, jetzt noch zu erlernen.

Die Absicht dieses Kurses: Lernen statt Therapie

In unserer Gesellschaft lernt man, sich weitgehend anzupassen. Aber wie man als Individuum, als Gruppe oder als Familie selbst das Heft in Händen halten kann, darin wird kaum jemand unterrichtet. Die Absicht dieses „Kurses“ liegt nun nicht darin, den Menschen zu sagen, wie sie funktionieren, (d. h. Vermittlung von Erkenntnissen über sich selbst), sondern er will ihnen das Werkzeug geben und sie lehren, damit umzugehen – wenn sie das wollen –, wahrzunehmen, zu lernen, was sich um sie herum abspielt.
Im „Kurs: Lebensunterricht“ sind deshalb Erfahrung, Wissen und Arbeitsmodelle zu diesem Ziel zusammengetragen worden. Es ist kein schulmäßiger Unterricht, der sagt, wie es laufen soll, sondern es sind Werkmodelle, nach denen wir uns richten können und damit herausfinden, was uns entspricht oder was uns noch besser entsprechen könnte. Denn manchmal haben wir uns einem Lebensmuster angepaßt, mit dem wir zwar durchkommen, das uns aber hier und da ganz gehörig drückt – wie eine alte Jacke aus früherer Zeit, die uns wohl die ganzen Jahre gegen Kälte geschützt hat, die inzwischen aber auch beklemmt und einengt.
Der Ansatz für diesen Einstieg beruht einmal auf dem Lernmodell von Paulo Freire*, zum anderen auf dem sogenannten „polaren Denken“, das scheinbare Gegensätze nicht gegeneinander ausspielt als gute gegen böse, sondern sie zusammenfügt, so daß die „Pole“ zusammen ein Kraftfeld bilden. Die angeblich gegensätzlichen Kräfte werden uns dann nicht lähmen, sondern gerade Energie liefern.
Dieser Kurs ist eine didaktische Alternative zur Therapie oder zur psychiatrischen Lösung von Lebensfragen, ein Kurs in praktischem Lebensunterricht. In der Therapie gibt es meistens eine klare Abgrenzung zwischen dem Hilfeleistenden und dem um Hilfe Bittenden, zwischen dem Menschen mit und dem ohne Probleme. In diesem Kurs beschäftigen wir uns jedoch mit Lebensfragen, die auf die eine oder andere Weise *jeden* Menschen betreffen. So wird das Lernen zu einem Prozeß des Entdeckens, der fesselnd und spannend sein kann.

* Vgl. *P. Freire*, Pädagogik der Unterdrückten. Bildung als Praxis der Freiheit (rororo sachb. 6830), 1973.

Ein Bildungskurs

Lernen, mit Lebensfragen umzugehen, das hat etwas zu tun mit Bildung, mit Lebensweisheit, mit Erziehung und Unterricht und geht aus von Qualitäten und Möglichkeiten der Menschen, die sich auf die Herausforderungen des Lebens einlassen.
Wir gehen hier also nicht aus von der Hilflosigkeit, dem Versagen oder menschlichen Verrücktheiten. Wir haben – jeder zu seiner Zeit – auch damit unsere Probleme.
Der Kurs will Menschen Anleitung und Werkzeug an die Hand geben, mit denen sie selbst forschend entdecken können, wie die Dinge laufen, wie sie wahrgenommen werden und wie es anders sein könnte. Wir wollen also das Handwerkszeug vermitteln und den Gebrauch lehren, mit den gegebenen Realitäten so umzugehen, daß sie *für* uns sind statt *gegen* uns; Normen und Ereignisse auf ihren Wert hin zu untersuchen und zu relativieren; mit Idealen, Macht, Schicksal, Träumen, körperlichen Leiden umzugehen; den Unterschied zu machen zwischen Wollen, Fühlen und Denken, zwischen der eigenen Verantwortlichkeit und derjenigen der Gesellschaft; uns selbst sehen zu lernen als Teil eines größeren Ganzen; körperliche Signale zu verstehen und vieles mehr...
Durch diesen Kurs können Erlebnisse und Ereignisse ein wenig den Anschein des Schicksalhaften verlieren – weil sie begreifbar werden; auch weil wir lernen abzuklären, wo wir innerhalb dieses Geschehens stehen. Wir sind dann nicht mehr „ungebildet" im Blick auf das, was sich abspielt. Es geht um aktives Wissen, meint Paulo Freire, durch das Menschen lernen, die Realität zu lesen. Wenn wir in diesem Kurs die Schlüsselworte von gesellschaftlichen, in Beziehungen wirkenden und psychischen Spannungsfeldern entziffern lernen, stehen wir auf festerem Boden.

Einsicht erlangen statt Faktenwissen ansammeln

Dieser Kurs will keine fertigen Produkte liefern, sondern nur die Produktionsmittel an die Hand geben. Er will keine Lösungen anbieten, statt dessen aber den Umgang mit dem Werkzeug lehren, damit man selbst einer Situation gewachsen sein kann. Wenn ein Fachmann fertige Erkenntnisse weitergibt, dann füllt er den Lernenden mit seiner eigenen Sicht, den eigenen Inhalten,

Worten und Werten. Die Kursteilnehmer werden eine Art Lagerraum für alles, was der Lehrende weiß und was ihm wichtig ist. Dabei geht es um ein An- und Abgewöhnen, also um Dressur. Das hat jedoch kaum etwas mit Begreifen oder Einsicht zu tun. Einsicht kann man nicht als fertiges Produkt vermitteln. Die muß jeder sich selbst „erwerben", und zwar durch Ausprobieren, Fehlermachen und immer wieder Neu-Entdecken. Einsicht ist ein Prozeß der Bewußtwerdung. Dazu brauchen wir einander: um vergleichen, um verallgemeinern zu können, um zu teilen. Die Lernenden sind Wissende und nicht Unwissende.

Worum geht es in diesen „Lektionen"?

Erstens: Erlebnisse in ihrem Spannungsfeld sehen

Das allgemeine Thema „Macht/Ohnmacht" wird auf die verschiedensten Gebiete übertragen: Freiheit im Gegensatz zu Fremdbestimmung, Phantasie gegenüber Realität, Veränderung gegenüber Stabilität oder Anpassung. Diese Themen bilden das Grundmuster aller Lektionen. – Jedes Thema besteht aus zwei Polen, die sich dialektisch gegenüberstehen und die gleichzeitig Werte, Auffassungen und Ideale zum Ausdruck bringen.
Auch Menschen stehen einander in diesen Themen gegenüber:

Einige streben vor allem danach das Alte zu erhalten	gegenüber denen, die vor allem Neuerungen anstreben.
Einige schauen sehr idealistisch und weit voraus	gegenüber anderen, die nüchtern betrachten, was jetzt machbar ist.
Einige wollen vor allem die Verhältnisse in der Gemeinschaft ordnen und handhabbar machen	gegenüber anderen, die vor allem dem Menschen seine Freiheit garantieren möchten, damit er den eigenen Weg gehen kann.

Diese dialektischen Widersprüche spielen sich nicht nur in der Gesellschaft oder in Beziehungen ab, sondern auch im Inneren jedes einzelnen, wo Links und Rechts ebenso gegenwärtig sind,

wie sie sich gegenseitig bekämpfen... und einander dringend brauchen.
Spannungsfelder sind zugleich Kraftfelder, die Energie erzeugen. Manchmal gerät jemand jedoch zwischen diese Gegensätze, und die Pole, die eigentlich innerhalb eines Spannungsfeldes Energie liefern sollten, verursachen nun ein Patt.
Kann sich ein Mensch aus dieser Klemme nicht befreien, so hat es den Anschein, als würde er gelebt und hätte selbst keinen Einfluß auf das Geschehen. Dann ist für ihn die Versuchung groß, die Führung einem anderen zu überlassen: einem Leiter, einem Herrscher, einem Fachmann – statt selbst Untersuchungen anzustellen, um so gezieltere Schritte tun zu können.

Zweitens: Neues erforschen, indem man Erfahrungen ergänzt

Das beinhaltet:

a) Wahrnehmung der Ereignisse
In diesem Kurs beschäftigen wir uns vor allem mit dem, was ist, und nicht sosehr mit dem, was nicht ist, aber sein sollte – also mit dem, was uns berührt; denn das fordert uns heraus, stellt uns vor die Wahl, schmerzt, macht glücklich oder beklemmt uns. Es trifft uns, und deshalb müssen wir uns dem stellen.
Wir beschäftigen uns mit dem, was gegeben ist: in uns selbst, in einer Situation, in größeren Zusammenhängen – ohne zu erklären oder zu urteilen. Einfach wahrnehmen und aufmerksam beobachten, ohne etwas verändern zu wollen. Wenn wir uns gleich auf „Verändern" einstellen, können wir nicht mehr wahrnehmen, was tatsächlich ist.

b) Ordnen und benennen der Gegebenheiten
Das Wahrgenommene in Worte kleiden: Die Anzeichen zu Wort kommen lassen, so daß sie geordnet und mit anderen geteilt werden können; die Dinge überschaubar zu machen und in die richtigen Bezüge zu bringen.

c) Vergleichen und prüfen
Überprüfen, ob unsere Auffassungen über ein Bruchteil unserer Wirklichkeit mit dem übrigen Teil unserer Wirklichkeit übereinstimmt (logische Zusammenhänge); ob die Punkte, deren wir „sicher" sind, auch wirklich mit der Gesamtheit unserer sonstigen Erfahrungen übereinstimmen, mit dem, was wir tun, usw.

Drittens: Verallgemeinerung und Abstraktion

Auf diese Weise können unsere Erfahrungen einen allgemeingültigen Wert bekommen und uns brauchbare Schlüssel an die Hand geben, die auf gleichgeartete Situationen anwendbar sind. Das ist praktisch ausgerichtete Abstraktion.
Abstraktion ist lateinisch und bedeutet „Extrakt" oder „Auszug". Wir ziehen aus all den verschiedenen konkreten Situationen einen gemeinsamen Nenner, der zu allem paßt. Wir „verallgemeinern" dadurch, was wir wissen. Verallgemeinern können, abstrahieren können hat zwei große Vorteile:

1. Man macht sich damit einen Schlüssel zu unsagbar vielen verschiedenen Schlössern, so daß man nicht immer wieder vor verschlossenen Türen steht. Beispielsweise: Wenn du leicht Atemnot bekommst im Verkehr (vor allem im Dunkeln und auf der Autobahn) und in deinem Beruf (manchmal am Montag, manchmal am Freitag, manchmal während der Pause, manchmal am Arbeitsort) und zuhause (manchmal, wenn Besuch kommt; manchmal, wenn gestritten wird; manchmal, wenn deine Frau spät nach Hause kommt, während du sie früher erwartet hast) – wenn du dann genau angeben könntest, was du selbst dazu tust, um diese Atemnot so stark werden zu lassen, daß du in Panik gerätst... dann hast du einen Schlüssel; einen Extrakt, der alle diese Situationen bestimmt. Wenn dir das richtig bewußt wird, weißt du auch genau, wann du den Schlüssel umdrehst und die Türen verschließt... Das ist Abstraktion. Der Vorteil ist, daß du nun weißt, wie du da hineingerätst; daß du nun nicht mehr hilflos bist. Abstraktion ist deshalb etwas sehr Praktisches!

2. Wenn du nun nicht nur für deine eigenen unterschiedlichen Lebenssituationen, sondern auch für die Lebenssituationen verschiedener anderer Menschen den gleichen Nenner finden kannst, dann kannst du auch Schwierigkeiten, von denen du annahmst, sie beträfen nur dich, verallgemeinert als Schwierigkeiten sehen, mit denen auch andere Menschen umgehen müssen. Deine Befangenheit unter Menschen, deine Unsicherheit, deine Angst vor dem Leben, vor Krankheit oder vor dem Sterben sind dann nicht etwas, was dich von Menschen isoliert, sondern dich gerade mit ihnen verbindet.
Deine Probleme ordnen dich dann nicht mehr den „Gestörten" zu, sondern du bist mit ihnen ein lebendiger Mensch.

Viertens: Austausch und Zusammenarbeit

Wenn wir spüren, daß uns jemand intensiv anschaut und zuhört, dann hebt das schon unser Bewußtsein. Durch die Augen eines anderen können wir uns selber besser sehen. Das Erstaunen, die informativen Fragen, das Interesse und die Reaktionen des anderen können den Eindruck, den wir von unserer Situation haben, klären.
Dieser Austausch garantiert uns, daß wir nicht alleine in einer Situation feststecken. Probleme nur als Privatangelegenheit anzusehen ist bereits der größere Teil des Problems. Oft ist es so, daß sich Menschen, die sich mit einem Problem abquälen, nur ganz schwer von diesem „Privatbesitz" trennen können. Die Neigung zur Individualisierung ist zäh. Sogar bei diesem Versuchsmodell müssen wir uns davor hüten, nicht zu graben und zu analysieren, sondern wir müssen unser Augenmerk auf die Lebensthemen richten, die allen gemeinsam sind und uns miteinander verbinden.

Tips für diejenigen, die mit diesen Lektionen in einer Gruppe arbeiten

Für diesen Kurs ist es unbedingt notwendig, daß die Kursbegleiter selbst aus der Realität lernen wollen und bereit sind, andere mit einzubeziehen.
Die Kompetenz des Begleiters liegt nicht auf der Ebene der Behandlung und der dazu gehörenden Deutung oder Diagnose, sondern auf dem Gebiet der Begleitung von Erfahrungs- und Lernprozessen. Er ist verantwortlich für Regie, Hausarbeit, Austausch und Verallgemeinerung. Die Teilnehmer sind nicht als Hilfsbedürftige anzusehen – auch nicht, wenn sie zufällig in einer schwierigen Phase stecken –, sondern als Studenten und Mitarbeiter eines Projektes, in dem sie selbst Beteiligte sind.
Dazu ist es nicht notwendig, daß sich die Begleiter in die Probleme der Kursteilnehmer vertiefen oder hineinleben. Sie brauchen auch nicht nach eventuellen Lösungen zu suchen. Sie müssen nicht alle Gruppenprozesse überschauen und brauchen keine tiefgehenden Beziehungen mit den Teilnehmern einzugehen. Sie sollen gerade nicht alles durchschauen, sondern eher etwas auf Distanz gehen und dafür sorgen, daß die „Kursteilnehmer" miteinander an die Arbeit gehen können.

1. LEKTION

Der Umgang mit Idealen

Einleitende Theorie

Ein Ideal
ist etwas, was du sein oder
haben oder können oder tun möchtest,
was du aber noch nicht bist,
hast, kannst oder tust;
ist eine „Wunsch-Phantasie".

Es gibt gesellschaftliche und persönliche Ideale. Gruppenideale und Familienideale. Ideale, die eine Beziehung betreffen oder die Produktion angehen...
Oft haben unsere Probleme etwas mit unseren Idealen zu tun: „Ich wollte, daß ich... und daß sie..., aber na ja..." Deshalb fügen wir hier eine Übung ein, den Umgang mit Idealen zu lernen.
Ideale sind häufig weltumfassend, bestimmt von einer Sicht von Mensch und Welt. Aus politischen oder religiösen Anschauungen wünschst du dir dann, daß die Welt so oder anders wäre; daß die Menschen so oder anders miteinander umgingen.
Manchmal betreffen Ideale weniger große, aber deshalb nicht weniger wichtige Dinge: „Ich wünsche mir eine Familie." „Ich möchte im Grunde wieder zurück in meine Heimat." „Ich will ein Restaurant eröffnen." „Ich will eine andere Stelle haben." „Ich möchte mich umschulen lassen." „Ich wünsche mir ein anderes Auto, ein anderes Haus, ein anderes Hobby." „Ich will ein guter Saxophonist werden." „Ich will mich scheiden lassen." „Ich will jemanden heiraten." „Ich brauche mehr Zeit für mich selbst." „Ich will mein eigenes Gemüse ziehen." „Ich will mehr Klarheit über die politischen Aspekte meiner Arbeit." „Ich will das Rauchen aufgeben."

Wenn wir über Ideale sprechen, beginnen wir den Satz meistens mit den Worten: „Ich möchte ...“ oder „Ich wollte ...“

Das Spannungsfeld: *Ideale – Realität*

Realität und Ideal bilden zusammen ein Spannungsfeld: Schrittweise (Wirklichkeit) richte ich mich auf etwas hin, was es noch nicht gibt (Ideal), von dem ich mir aber wünsche, daß es sei.

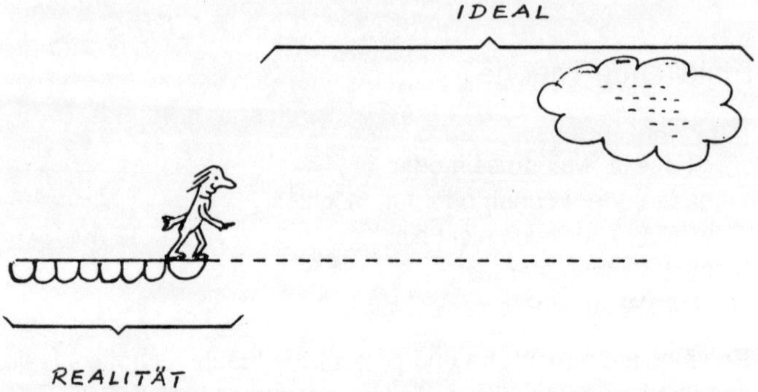

Was ich tue, wie ich gehe, das bin ich. Das ist die *Realität*. „Manchmal mache ich ...“, „oft tue ich ...“ „Ich habe heute morgen und gestern ...“ sind Realitäten. Mit Realitäten kann ich etwas anfangen. Schrittweise bewege ich mich in eine bestimmte Richtung fort, und wären es auch nur kleinste Schrittchen. Diese Wirklichkeit ist etwas wert. Wachstum kann nur aus tatsächlicher Realität erwachsen.

Das, *was nicht ist*, von dem ich mir aber wünsche, daß es sei, ist das *Ideal*.
Ideale brauchen wir, um uns daran ausrichten zu können. Die Richtung ist wichtig, bekommt aber erst wirklichen Wert, wenn wir Schritte (Schrittchen) in diese Richtung machen.
In dem Maße, wie das Ideal verwirklicht oder erreicht ist, ist es kein Ideal mehr.

Wollen und wollen*

Wollen, aber nur dem Anschein nach...

Wenn ich im Streß bin, wenn ich unter Druck stehe, wenn man alles Mögliche von mir erwartet – manchmal Dinge, die mich überhaupt nicht reizen und vor denen ich mich am liebsten drücken möchte, wenn ich nur wüßte wie? –, dann sage ich manchmal: „Ich will's ja tun, aber..."
Eigentlich will ich also nicht. Ich möchte nur einem Streit oder einer Auseinandersetzung aus dem Wege gehen. Es ist ein Ausweichmanöver, eine Notlüge. Denn: „Ich will's ja tun, aber...", bedeutet in Wirklichkeit doch: „Ich will das ganz und gar nicht, traue mich aber nicht, es zu sagen..." „Es ist mir nicht geheuer, für das einzustehen, was ich selber will – das könnte zu Konflikten führen..."

Wollen

Dein Wollen besteht aus zwei unterschiedlichen Komponenten:
1. Was du in deiner Phantasie willst ist das Ideal, d.h. die Richtung, die deine Wahl beeinflußt.

* Diese Überlegungen sind hier neu eingefügt und stehen ursprünglich in meinem Buch: Omgaan met idealen, S. 21/22.

2. Was du tatsächlich und aktiv willst, sind die Schritte (kleinste Schrittchen), die du in diese Richtung machst.

Was du in deiner Phantasie willst, das Ideal, die Richtung
Du orientierst dich an Wunschphantasien. Phantasien brauchst du, um die Zukunft (das, was noch nicht ist) zu schaffen. Du kannst dich selbst daran ausrichten. Die Richtung ist wichtig. Aber damit alleine kommst du noch nicht viel weiter. Eine Richtung zu haben ist noch kein Wollen, sondern nur ein „Würde-gerne-Wollen". „Ich würde wohl wollen, aber eigentlich habe ich mit dem Wollen noch gar nicht angefangen..." Vielleicht später einmal. Laß mir Zeit. „Ich würde gerne ein neues Leben beginnen." „Ich möchte eine andere Berufsaufgabe haben." „Ich möchte nicht mehr nur fürs Geldverdienen leben." „Ich will weniger trinken... weniger rauchen..."
Alle diese Dinge sind Idealvorstellungen. Vielleicht fangen wir damit etwas an, vielleicht aber auch nicht. Solange es bei diesen Tagträumen bleibt, bleibt es eben bei Tagträumen.

Das aktive Wollen: die tatsächlichen kleinen Schritte in die gewünschte Richtung
Wenn du dich geradewegs – das heißt mit echten Schritten – in die Richtung des klar umrissenen Ziels begibst, dann wird deutlich, daß du wirklich etwas tun willst. Die beiden Pole des Spannungsfeldes „Ideal/Wirklichkeit" kommen dann zu ihrem Recht: Das *Ziel* und das *Handeln*. Auf diese Weise liefert das Spannungsfeld zielgerichtete Energie. Die „Schritte" sind immer nur klein. Sie haben das Maß unserer Realität. Es ist reale Wirklichkeit auf begehbarem Boden.

Übung: Umgang mit Idealen

Vorab: Die Idealkreise

1. Schreibe in die Idealkreise einige deiner Ideale: Ideale gesellschaftlicher und persönlicher Art.
2. Vergleiche sie mit den Idealen anderer Menschen (Gruppenmitgliedern, Hausgenossen oder Nachbarn).
3. Entscheide dich für ein Ideal, mit dem du dich in dieser Übung voll und ganz beschäftigen willst; ein Ideal, das in diesem Augenblick für dich wichtig ist.

Die Idealkreise

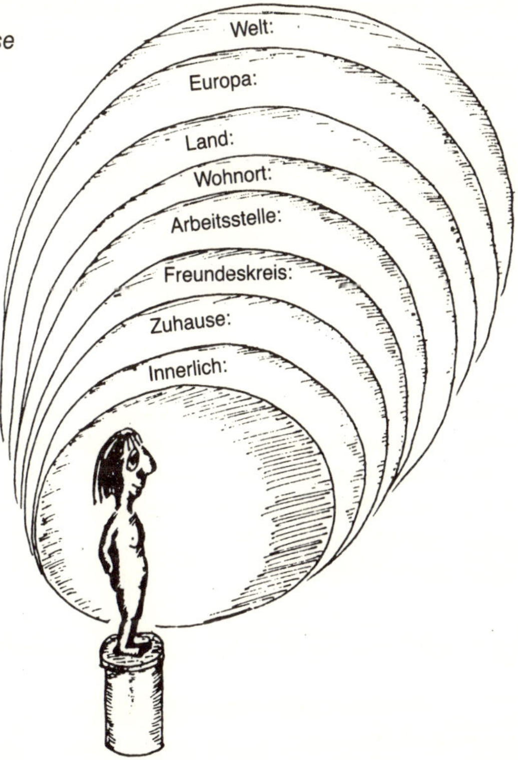

■ *Erster Schritt*

Zeichne eine Wolke und schreibe ein Ideal hinein, das du in dieser Übung besonders beachten möchtest. Formuliere es kurz, mit positiven Ausdrücken.

Ich möchte...

(Wir zeichnen eine solche Wolke und schreiben das Ideal hinein, um ganz deutlich zu machen, daß es sich noch um eine Phantasie handelt, um etwas, das noch nicht so ist und also noch nicht existiert, auch wenn wir es uns noch so sehr wünschen, daß es schon so wäre.)

Merke: Ein Ideal ist niemals etwas, was du auf eigenes oder fremdes Drängen hin haben „mußt“, sondern etwas, das du gerne möchtest.

■ *Zweiter Schritt:* Vergegenwärtigung der Ohnmacht

Quengeln, seufzen und klagen aus Ohnmacht heraus (weil es um etwas geht, das noch nicht so ist, wovon wir aber möchten, daß es so wäre).
Schreibe deine wehleidigen, ohnmächtigen, nörgelnden Sätze zu diesem Ideal wiederum in eine Wolke. Weil es „Gedanken“ aus Phantasien sind, gerichtet auf Phantasien. Es sind also Sätze aus Ohnmacht, Schuldgefühlen, Vorwürfen und kraftlosen Forderungen, ausgehend von „ja, aber...“

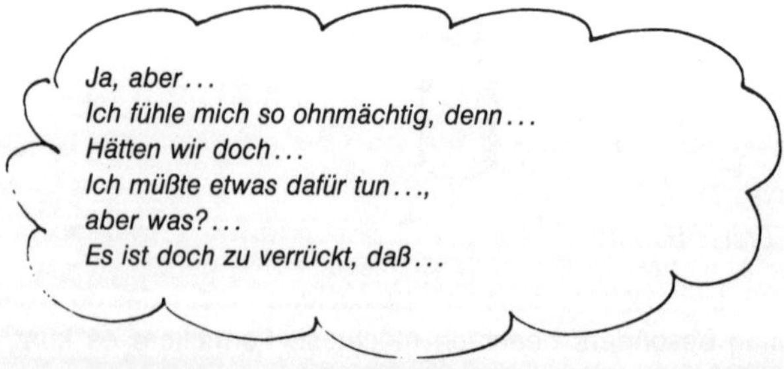
Ja, aber...
Ich fühle mich so ohnmächtig, denn...
Hätten wir doch...
Ich müßte etwas dafür tun...,
aber was?...
Es ist doch zu verrückt, daß...

Diese Art, mit Idealen umzugehen, ist sehr weit verbreitet. Wir stellen eine Beziehung her zwischen den Idealen und der Kraft, die wir haben sollten, die wir aber nicht haben. Oder wir erwarten Energie, die andere aufbringen sollten, es aber nicht tun. Solch eine Haltung wirkt lähmend. Es ist eine Art Ohnmachtsdenken, das von Macht ausgeht, die du nicht hast, und das dadurch wiederum Ohnmacht produziert.
Achte bei diesem Schritt auf das, was in deinem Körper geschieht, im Blick auf den nächsten Schritt.
Es gibt Menschen, die es genießen zu quengeln und die kaum damit aufhören können. Andere möchten diesen Schritt schnell hinter sich bringen. Quengeln darf man eigentlich nicht, meinen sie. Trotzdem ist es wichtig, diesen Schritt wirklich auszuführen, und sei es nur, um einen Vergleich mit der zweiten Phase (vierter Schritt) ziehen zu können; aber auch, um dem wehleidigen Stimmchen, das ja doch da ist – das aber oft so zum Schweigen gebracht wird, als ob es gar nicht vorhanden sei –, den notwendigen Raum zu geben.

■ *Dritter Schritt*

Schreibe hin, was du dabei im Körper fühlst. Skizziere, was du jeweils an welcher Körperstelle fühlst während des Aufschreibens, Überlegens und Hineindenkens der ohnmächtigen Sätze. Was empfindest du an Zehen, Füßen, Haltung, Knien, Gesäß, Bauch, Brust, Atem, Hals, Nacken, Augen, Mund, Kopf...? Die Phantasien des zweiten Schrittes bewirken nämlich etwas in deinem Körper. Beispielsweise: Bei diesem Ohnmachtsdenken spüre ich in mir:

Vorsicht! Halte nach dieser ersten Phase (1., 2. und 3. Schritt) nicht an. Wenn du in dieser ersten Phase steckenbleibst, kannst du dich selber recht krank machen. Denn dazu dient diese erste Phase: zu erkennen, wie man sich mit Idealen krank machen kann!
Wir können in und mit unserem Leib spüren, wie sehr Ideale uns in etwas hineinzwängen. Wenn wir sie mit der Wirklichkeit in Beziehung setzen, entdecken wir auch etwas Absurdes. Beispielsweise „allem gewachsen sein", „immer stark sein", „niemals befangen sein". Nüchtern betrachtet, liegt uns nichts an diesen Großartigkeitsphantasien, oder wir versuchen zumindest, unsere Ideale etwas bescheidener zu formulieren. Unser Körper sagt uns, daß dieses Ideal destruktiv wirkt.

■ *Vierter Schritt:* Vergegenwärtigung der Macht

Das Aufschreiben der eigenen „kleinen" Schritte, die du bereits getan *hast* auf das formulierte Ideal hin, das ist eine andere Möglichkeit, mit demselben Ideal umzugehen. Das Ideal bestimmt die Richtung. Die Schritte bestimme ich von meiner Realität her. Nicht von dem her, wie und was ich sein sollte (noch ein Ideal), sondern so wie ich *bin*; nicht von meinen Einkünften, meiner Gesundheit, meiner Vergangenheit, meinen Nerven, meiner Sachkenntnis oder deren Mangel, meinen Behinderungen usw. her...
Ich bin nicht den Idealen verpflichtet, sondern diese stehen mir zu Diensten. Ist mein Ideal: „Ich möchte ein weltberühmter Pianist werden", dann ist ein kleiner Schritt: Ich habe in der vergangenen Woche eine Melodie spielen gelernt, die ich noch nicht kannte: „Au clair de la lune, mon ami Pierrot..."
Beginne beispielsweise so:

Folgende kleine Schritte auf das formulierte Ideal hin habe ich bereits getan:
a) Alleine:

b) Gemeinsam mit anderen:

Merke:

1. Formuliere die Schritte so konkret wie möglich, nicht zu groß und vor allem nicht zu vage. Also nicht etwa: „Ich lasse den anderen Spielraum“ oder unklare Sätze wie: „Ich achte so viel wie möglich darauf, daß...“ Die Frage ist: Was *tust* du?
2. „Ich versuche dieses oder jenes besser...“ und „Ich will so gut es geht...“ und dergleichen mehr sind keine Schritte, sondern Stoßseufzer oder fromme Wünsche. Sie gehören hier nicht hin. Nur das, was du getan *hast,* gilt.
3. Ist die Aufzählung der gemachten Schritte vollständig, dann schmücke sie, male einen Rand darum herum oder ähnliches.

Bemerkungen zum vierten Schritt

1. Viele zögern, diesen Schritt aufzuschreiben. Darf man das? Ist es nicht lasch oder feige, solch kleine Dinge, die du in der gewünschten Richtung tust, überhaupt schon zu vermerken oder zu beachten und zu schätzen? Wird man dann nicht selbstzufrieden? Ist das nicht der Anfang der Trägheit?
Wenn du den vierten Schritt machst, rutschst du leicht auf den zweiten Schritt zurück. In dem Sinne: „Ja, aber was ich tue, ist doch nur so gering. Ich schäme mich, daß ich nur so verschwindend wenig zustande gebracht habe.“ Oder: „Dieser vierte Schritt ist gefährlich. Gib Obacht, sonst wirst du selbstzufrieden und... dann kannst du einpacken.“
Es scheint sehr schwer zu sein, „das, was ist“ als wirklich wertvoll zu erkennen, wertvoller als „das, was nicht ist, was aber sein könnte“ (nämlich als Ideal). Viele Menschen betrachten es als Zumutung, das Gegebene zu beachten. „Verdammt, ist das alles? Ist das mein Leben?“ sagen sie verächtlich. Daher ist dieser vierte Schritt zugleich eine Übung zur Bescheidenheit (Demut): „Die kleinen Dinge, die ich tue, sind wertvoll, es sind meine Werte.“ „Die Ideale, mit denen ich mich häufig identifiziere, sind nur Phantasien, mit denen ich mir selber vorgaukle, daß ich mehr bin, als ich wirklich bin.“ Dieser vierte Schritt ist eine solch wesentliche Umkehr, daß sie uns wohl manchmal Angst macht... dieses Hinabsteigen aus den Wolken auf den Boden der Tatsachen. Manchmal würden wir lieber in unseren ohnmächtigen Phantasien gefangen bleiben, die uns entschuldigen, wenn wir nicht mit der Realität zurechtkommen.

Machst du aber diesen vierten Schritt doch, dann spürst du die Erregung. Ein wenig unheimlich zwar, aber vor allen Dingen aufregend. Und du spürst zugleich Ruhe.

2. Empfindest du dich beim Formulieren der kleinen Schritte angespannt oder wird dir eng zumute, dann solltest du dich fragen, ob das formulierte Ideal tatsächlich ein Ideal ist, dem du nachstreben möchtest; oder ob es eher etwas ist, von dem du meinst, du müßtest ihm nachstreben. Diese Übung erlaubt nämlich keinen Selbstbetrug.
Zum Beispiel: Ich setze mir das Idealziel, daß ich mein Zimmer mal ordentlich aufräumen will. Der zweite Schritt (quengeln, seufzen, ja-aber) geht zügig. Beim dritten Schritt entdecke ich, wie mir alles widerstrebt. Beim vierten Schritt aber entdecke ich nur kleine und große Schritte in der umgekehrten Richtung: „Ich werfe die eingegangene Post und die schmutzige Wäsche einfach auf einen Haufen. Die schmutzigen Teller und Tassen stapele ich immer erfinderischer aufeinander, so daß sie noch Platz auf der Spüle haben, usw... Es scheint als hätte ich das blödsinnige Bedürfnis, mich nicht nur mit Rummel und Mistkram zu quälen, sondern überdies auch noch mit Idealen von Ordnung und Sauberkeit und den dazu gehörenden Schuldgefühlen."

■ *Fünfter Schritt*

Schreibe auf, was du bei dieser anderen Art, mit demselben Ideal umzugehen, in deinem Körper spürst, z. B. so: In meinem Körper fühle ich hierbei:

■ *Sechster Schritt:* Verallgemeinern und teilen

– Vergleiche die beiden unterschiedlichen Arten, mit denen du mit demselben Ideal umgehst, und wie unterschiedlich deine körperlichen Reaktionen bei den verschiedenen Arten sind.
– Achte auf die Resultate der anderen, die mit dir gemeinsam diese Übung gemacht haben. Achte darauf, ob die Übung auch wirklich ganz ausgeführt wurde; ob die Schritte nicht zu groß waren; ob auch wirklich genug gestöhnt wurde; ob die dazu gehörenden Körpergefühle notiert worden sind.
– Prüfe nach, was ungefähr bei allen übereinstimmt (Abstraktionsübung). Auf diese Weise entdecken wir das Grundmuster, das sich hier hindurchzieht. Es ist überaus wichtig, dieses Muster klar zu durchschauen, weil ein Teil fast jeden Problems aus der falschen Art und Weise, mit Idealen umzugehen, besteht. Diese Abstraktionsübung ist notwendig, um gleichzeitig das Einzigartige und das Gemeinsame deiner Probleme und Ideale deutlich zu machen.
Oft widerstrebt es uns, auch die Gemeinsamkeiten zu benennen: daß auf die eine oder andere Weise alle Menschen Schwierigkeiten haben. Es sieht fast so aus, als ob man uns dadurch unser Problom „wcgnehmen" wollte. Manchmal möchten wir gar die Einzigartigkeit unseres Problems mit Klauen und Zähnen verteidigen, als sei es ein kostbarer Besitz.
– Ordne nun, was du in dieser Übung „entdeckt" hast, und zwar sowohl in deiner eigenen Ideal-Übung als auch in der Idealübung anderer.

Kurze Übersicht

a) Ich würde gerne:

b) Ja, aber...

c) Was ich bereits auf das erwünschte Ziel hin tue:

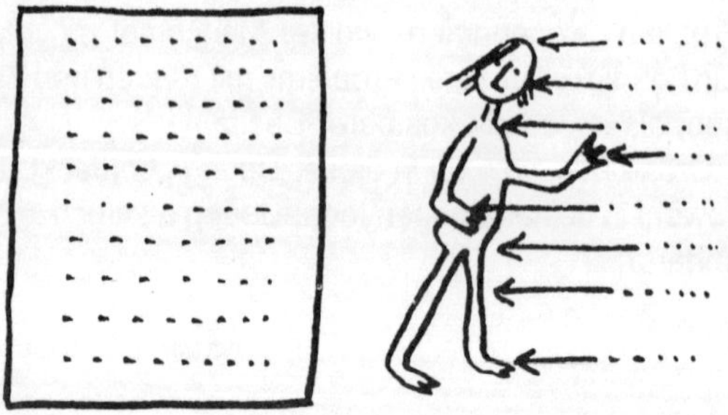

d)

Austausch

Drei Beispiele

1. Beispiel

Erster, zweiter und dritter Schritt

Kraftlose Reaktion durch Nörgeln:

☐ Das wird doch wieder nichts.

☐ Ich habe es schon so oft versucht.

☐ Gewinne ich etwas Zeit, indem ich eine langweilige Arbeit unterlasse, dann kommen an deren Stelle gleich vier andere.

☐ Hätte ich doch nur mehr Energie, aber die habe ich nicht.

IDEAL:
Ich hätte gerne mehr Zeit für mich ...

Vierter und fünfter Schritt

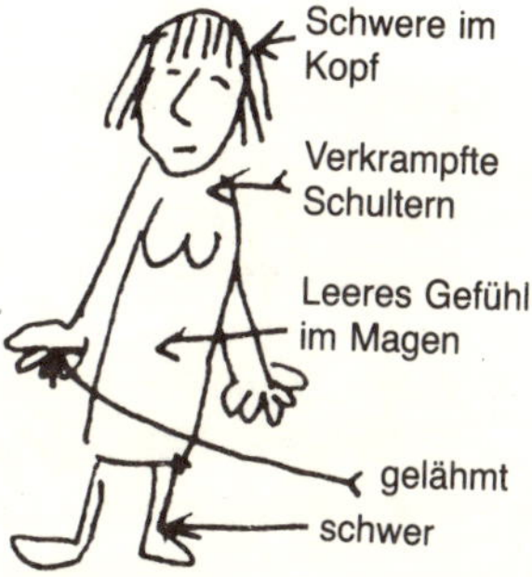

Kleine Schritte:

☐ Am vergangenen Mittwoch habe ich nach der Flötenstunde herrlich gefaulenzt.

☐ Das werde ich von jetzt an jedesmal so machen, denn Mittwoch ist immer ein schwerer Tag.

☐ Ich habe mit dem Nachbarn verabredet, gemeinsam einen Kräutergarten anzulegen. Davon träume ich schon lange.

2. Beispiel

Nörgeln:
Ich mag doch so gerne gut essen. Überall begegnet man einem Überfluß an Konsum, da kann man es einfach nicht sein lassen. Ich komme mir so plump vor. Ich muß was dagegen tun. Alle finden mich zu dick. Wenn ich erst anfange abzunehmen, dann muß ich auch durchhalten. Die Leute sollen mich doch so nehmen, wie ich bin. Ich neige mehr zur Korpulenz als andere, darum ist es für mich auch viel schwieriger. Ich bin zu schwach, um das durchzuhalten.

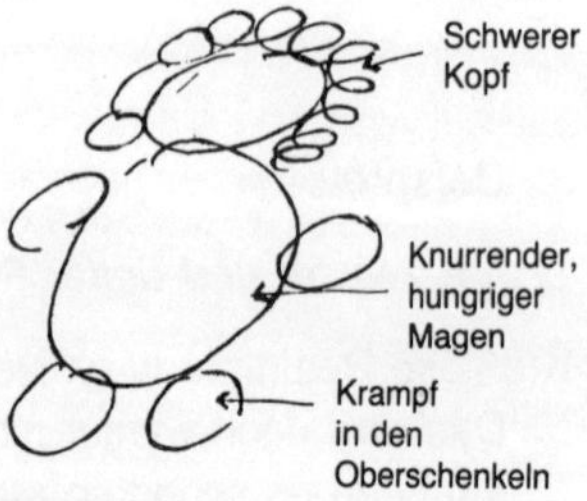

Leib:
Schwerer Kopf. Knurrender, hungriger Magen
Krampf in den Oberschenkeln

Kleine Schritte:
□ Ich esse keine Erdnüsse mehr zum Schnäpschen.
□ Ich habe schon an drei Samstagen einen stundenlangen Spaziergang gemacht.
□ Ich versuche, langsamer zu essen. Bewußter.
□ Ich esse Salat vor der warmen Mahlzeit.

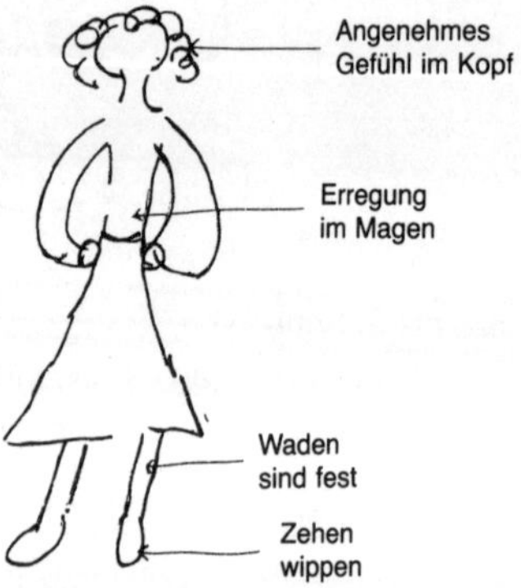

Leib:
Angenehmes Gefühl im Kopf.
Erregung im Magen.
Waden sind fest. Zehen wippen.

3. Beispiel

Im Rahmen eines politischen Schulungskurses unter dem Thema „Kulturelle Minderheiten in unserer Gesellschaft" hielt ich als Molukker* ein Referat vor etwa 150 Frauen. Die Betroffenheit war sehr groß. Es herrschte eine Atmosphäre der Solidarität und Sympathie, und lebhafte Begeisterung erfaßte alle, nach neuen Lösungen zu suchen. Mir fielen die großen Schritte auf, die die Teilnehmerinnen tun wollten, und für die sie doch nicht die passenden Schuhe hatten. Blitzartig fiel mir die Übung „mit Idealen umgehen" ein, die wir in diesen Lektionen gelernt hatten. Ich bot ihnen improvisierend zwei Möglichkeiten an, mit Idealen umzugehen, wobei sie zugleich registrieren sollten, was sie dabei im Körper spürten:

a) negativ mit Idealen umgehen: ausgehend von Ohnmacht, Vorwürfen, Forderungen, Schuldgefühl (Unheil-Denken);
b) positiv mit Idealen umgehen: ausgehend von der Realität (Ideale sind für mich da, nicht ich für das Ideal; ich will nur die Schritte machen, die mir entsprechen und bei denen ich gesund bleibe).

Das Ergebnis war verblüffend. Die zunächst so großen Schritte, bei denen Unruhe und Ohmacht vorherrschten, wie:

- ☐ die Mehrheit muß der Minderheit gegenüber eine tolerantere Haltung einnehmen;
- ☐ Diskriminierung muß bekämpft werden;
- ☐ es muß Vergünstigungen für kulturelle Minderheiten bei Unterricht, Arbeitsplatzbeschaffung und Wohnungssuche geben;
- ☐ Minderheiten müssen das Wahlrecht bekommen;
- ☐ wir müssen auf Veränderung der Mentalität einwirken usw.

...verwandelten sich in kleine reale Schritte, die im Bereich der eigenen Möglichkeiten lagen (und ein Gefühl der Zufriedenheit schufen), wie:

* Die Molukker kamen vor etwa 50 Jahren nach Holland, um der indonesischen Herrschaft unter Sukarno zu entgehen. Sie hofften, die Molukken-Inseln – vor allem Amboiena, die Heimat der meisten in Holland lebenden Molukker – befreien zu können, blieben jedoch, als sich diese Pläne nicht verwirklichen ließen, als ethnische Minderheit in den Niederlanden.

□ Ich habe türkische Nachbarn, die habe ich noch nie besucht; das werde ich jetzt tun;
□ ich fange an, Türkisch oder Spanisch zu lernen;
□ ich melde mich bei einem karitativen Verein, um als ehrenamtliche Hilfskraft für Minderheiten zu arbeiten;
□ ich schlage vor, einen geselligen Abend mit türkischen Frauen zu organisieren (hat bereits stattgefunden);
□ ich werde versuchen, türkisch oder spanisch kochen zu lernen, usw.

Am darauffolgenden Schulungsabend kamen einige Vertreter des Gemeinderats aus verschiedenen politischen Richtungen, um ihr Parteiprogramm in bezug auf die kulturellen Minderheiten darzulegen. Es war schwierig, den Ausführungen zu folgen.
Als dann die vervielfältigten Abzüge mit der vollständigen Übung „Umgang mit Idealen" ausgeteilt wurden, wurden auch die Ratsmitglieder – eine Art Kettenreaktion – unter dem Druck der Zuhörer gezwungen, diese Übungen zuhause nachzuholen; entweder alleine oder mit der Familie, mit Freunden oder politischen Kollegen.
Eines hatten die Teilnehmerinnen des Schulungskurses u. a. gelernt: daß politisches Handeln konkret sichtbar wird im täglichen Leben des Menschen und daß sie fähig waren, „ihren" eigenen begrenzten aber echten Beitrag einzubringen, zu reagieren auf das, was geschieht. Wenn man im eigenen kleinen Bereich beginnt, etwas zu tun, dann kann man auch von unten her politisch weiterreichende Veränderungen in Gang setzen. (P. T.)

Hausaufgabe

Durch diese sechs Schritte hast du etwas gelernt. Damit du jedoch wirklich gut damit umzugehen lernst, mußt du nun zuhause kräftig üben:
1. Wiederhole die gleiche Übung nun mit einem anderen Ideal (aus dem Bereich der Gesellschaft, der Familie, der persönlichen Beziehungen oder des Arbeitsplatzes).
2. Übe mit Hausgenossen, Freunden, Klienten oder Klassenka-

meraden, damit es dir gelingt, die einzelnen Schritte deutlich zu formulieren und dein eigenes Übungsmaterial mit dem der anderen vergleichen zu können. Das ist keine kleine Aufgabe. Beginne deshalb am besten mit jemandem, zu dem du Vertrauen hast. Diese Übung kann man auch gut schrittweise mit Kindern machen.

3. (Etwas schwieriger) Beim dritten Schritt hast du wahrscheinlich auch einige körperliche Beschwerden vermerkt. Überlege, ob und wann du diese Beschwerden auch sonst einmal hast und ob das dann möglicherweise etwas mit den Idealen zu tun hat oder mit der Art und Weise, in der du mit deinen Idealen umgehst. Etwa so: Wann habe ich eigentlich diese Kopfschmerzen? Immer, wenn ich alles ganz besonders gut tun will.

Zusammenfassung

□ Es gibt also zwei verschiedene Arten, mit ein und demselben Ideal umzugehen. Einmal von der Kraft her, die du nicht in dir hast. Zum andern mit der Kraft, die du tatsächlich hast. Einmal unter dem Zwang des „Sollens", zum andern von tatsächlichen Gegebenheiten ausgehend.

□ Wenn du deine Ideale formulierst als etwas, das sein „sollte", dann überläßt du alle Macht den Kräften, die du nicht in dir hast: den Umständen, der Gesellschaft, den Menschen, die Gewalt über dich haben und dich unterdrücken. Du schiebst dann deine eigenen Kräfte und Möglichkeiten beiseite. Damit stellst du dich gegen dich selbst und produzierst Jammer, Klagen, Schuldgefühle.

□ Es gibt anscheinend eine Art, mit den Dingen umzugehen, durch die wir uns mit unseren eigenen Idealen erdrücken können: indem wir aus Wegweisern und Wunschphantasien einen inneren Zwang machen. Unter solchen inneren Spannungen reagiert der Körper mit Protesten und Beschwerden. Unser Gang wird dementsprechend: gebeugt. Der Druck meldet sich im Kopf oder im verkrampften Nacken, in schweren Armen und Beinen . . .

□ Statt uns einzuengen, können Ideale auch befreien und Raum schaffen, nämlich dann, wenn sie nicht verurteilend und strafend

wirken, sondern uns Wegweiser sind, an denen wir uns orientieren können; die uns zeigen, was wir ändern oder was wir selber einbringen können.
Die Schritte (kleine Schritte, denn es sind meine und nicht die irgend eines Helden), die ich in die gewünschte Richtung mache, zeigen mir, daß ich wirklich etwas Realem nachstrebe (Ideal). Die ersten Schritte, die ich gehe, helfen mir weiter. Investierte Energie ist vorhandene Energie. Ich kann sie handhaben, verstärken, in die richtige Bahn lenken. Daher sind die ersten Schritte, die ich wage, meine Kraft. Nur aus dieser meiner Kraft heraus erreiche ich etwas.

Ideale in Aktionsgruppen

In Aktionsgruppen sind klar formulierte Ideale notwendig als deutliche Wegweiser für die Schritte, die organisiert werden sollen, damit die einzelnen Mitglieder der Gruppe an einem Strang ziehen.
Es ist wichtig, daß Fernziele immer wieder in Nahziele umgesetzt werden und daß wir dann auch als Gruppe dazu stehen. Beispiel: Friede. Näheres Ziel: Ohne Waffen. Näher: Damit beginnen, nukleare Waffen auszuschalten. Näher: Keine Atomsprengköpfe in unserem Land. Näher: Bewußtwerdungsprozeß bei Wehrpflichtigen im Blick auf Verweigerung in Gebrauch, Bewachung oder Pflege von Atomsprengkörpern. Teilnahme an Friedensmärschen.
Es stärkt den Zusammenhalt einer Gruppe sehr, wenn sie gemeinsam die Ideal-Übungen auf ein bestimmtes Ziel hin durchführt. Die Mitglieder werden daran erkennen, wo die Energie bereits eingesetzt wurde und an welcher Stelle man darauf aufbauen kann.
Eine Gefahr besteht für Aktionsgruppen darin, daß sie sich zu sehr damit beschäftigen, was sie aus der Welt schaffen wollen, und zu wenig mit dem, was sie einbringen können. Damit erweisen sie – wenn auch negativ – dem, was sie bekämpfen, zu viel Ehre. Den Wert einer Aktion kann man niemals aus dem erschließen, was man bekämpft, denn damit wird man zu dem, was man bekämpft. Gewalt gegen Gewalt.

Der circulus vitiosus der Eskalation: „Ich wollte, ich hätte eine Atombombe. Die würde ich unter Washington oder New York vergraben. Unauffindbar. Mit Fernauslöser. Und dann würde ich den Amerikanern und Reagan sagen: ‚Hört auf mit eurem nationalistischen Gehabe! Hört auf, Diktaturen zu bewaffnen! Hört damit auf, die ganze Welt zu einem einzigen großen militärischen Komplex zu machen, auf dem eure Ökonomie basiert! Hört auf mit den Vorbereitungen zu einem dritten Weltkrieg, der auf dem europäischen und südamerikanischen Kontinent ausgetragen werden wird! Hört auf, oder: Ich drücke auf den Knopf!'"
Das Bekämpfen einer überdimensionalen Sache wird zu einem überdimensionalen Problem.

Der Wert einer Aktion liegt in den positiven Dingen, die wir in der neuen, erwünschten Richtung tun. Er liegt in dem Neuen, das aus der alten Situation erzeugt wird, wie klein und provisorisch es zunächst auch sein mag.
Gesellschaftliche Veränderungen haben – weil sie gesellschaftlich sind (weil sie zu einem größeren, komplexeren System gehören) – einen trägeren Wachstumsrhythmus als individuelle Veränderungsprozesse.

Es ist sowieso schon schwierig, mit der natürlichen Trägheit, die zu unserem persönlichen Wachstum gehört, Geduld zu haben. Es ist aber noch schwieriger, mit der natürlichen Trägheit von gesellschaftlichen Veränderungsprozessen umzugehen, die in unserer kurzen, individuellen Lebenszeit nicht abzuschließen sind. Wer politisch aktiv sein will, fragt darum nach einem anderen, reiferen Einsatz, der unsere persönlichen Bedürfnisse übersteigt.
„Den Wert einer Hausbesetzung kann man nicht ablesen an der Anzahl krankenhausreif geschlagener Polizisten bei einer Räumungsaktion oder an den Unsummen, die den Häuserspekulanten letztlich als Schaden bleiben. Dann ist die Aktion nämlich auf sie gerichtet und wird durch sie bestimmt. Während die Aktion doch gerade verhindern wollte, daß Spekulanten und ihre polizeilichen Beschützer allzusehr den Lauf der Dinge und des Wohnens bestimmen.
Der Wert der Hausbesetzungen liegt in der Tatsache, daß die Aktionen der Hausbesetzer – wenn auch nur vorübergehend – Tausenden von Menschen, die keine Möglichkeit hatten, eine Wohnung zu bekommen, zu Unterkünften verholfen haben, die ja vorhanden waren; daß sie es erreicht haben, daß die außerrechtliche Situation der Hausbesetzer (in den Niederlanden) immer häufiger eine gewisse rechtliche Grundlage bekommen hat – und sei sie auch noch so gering; daß die öffentliche Meinung die Hausbesetzer etwas ernsthafter als Anwälte einer gesellschaftlichen Problematik sieht usw.
Man kann wählen. Man kann Interesse, Zeit, Energie konzentrieren auf den Abbruch dessen, was man ablehnt – oder auf den Aufbau dessen, was man erreichen möchte. Abbruch – Aufbau: zwei unterschiedliche Unternehmen.
In kleinerem Maßstab vorzugehen hat größeren Realitätswert.

Die Übung „Umgang mit Idealen“ verbessert sich selbst

Manchmal sagen wir: „Ich würde gerne...“ (ein sogenanntes Ideal also!). Sehen wir uns dann aber die konkreten Schritte an, die wir machen, dann stellen wir fest, daß wir uns eigentlich immer mehr in die entgegengesetzte Richtung bewegen.
Dann kommt der befreiende Moment: „Ich habe mich geirrt. Ich habe dieses Ideal gar nicht. Vielleicht hat's ja jemand anders, und ich habe es mir einreden lassen, bis ich schließlich glaubte, es wäre auch mein Ideal. Das Gegenteil ist jedoch der Fall. Das hätten wir also geklärt; wieder eine Sorge weniger!“

(Ein Beispiel: Ich glaubte, ich hätte das Ideal, alle Fachzeitschriften ernsthaft durchzuarbeiten und alles zu glauben... Es war mir eine große Erleichterung, als ich entdeckte, daß ich mich darin geirrt hatte.)
Was du tatsächlich willst, kannst du ablesen an dem, was du *tust*. In dem, was du tust, setzt du deine Energie ein. Tust du jedoch immer weniger daran (beispielsweise alle die Zeitschriften immer weniger ernst zu nehmen), dann wird deutlich, daß du deine Energie für andere Dinge einsetzt, die dir ständig wichtiger werden. Dort liegen dann auch deine Ideale.

Umgekehrte Ideal-Übung: Hinter der Klage die Ideale aufspüren

Eine Möglichkeit:

- ☐ von „psychosomatischen" Beschwerden ausgehen;
- ☐ dich von daher fragen, welches Ideal sich dahinter verbirgt und dir einen Streich spielt;
- ☐ dann die andere – gesündere – Art, mit Idealen umzugehen, ausprobieren.

Praktisch sieht die Übung dann so aus:

1. Klage kräftig fünf Minuten lang über deine Beschwerden (in einer Gruppe: einander von den eigenen Problemen erzählen), z. B.: „Nach Besprechungen habe ich immer Kopfschmerzen und bin hundemüde."
2. Nun beginnt die kreative Spurensuche: „Diese Beschwerden fallen mir nicht nur so zu, aber ich habe sie immer, wenn ich von mir selbst fordere, daß ..."
Hinter dieser Forderung versteckt sich das Ideal. Formulier das Ideal mit positiven Ausdrücken (in einer Gruppe können sich die Teilnehmer in kleineren Zweier- oder Dreiergruppen untereinander helfen.
Beispielsweise das Ideal: „Ich will meinen Kollegen ein guter Kollege sein und sie das in den Besprechungen auch wissen lassen."
3. Führe nun die Ideal-Übung zu Ende, so wie es vom vierten Schritt an beschrieben worden ist.

2. LEKTION

Sich selbst von der eigenen Geschichte her einbringen

Einleitende Theorie: Vom Menschen im kleinen und im großen

1. Mensch und Welt: Ein Kraftfeld

Ob ich nun besonderen Wert darauf lege oder nicht, ich gehöre einfach dazu: zur Meute; zur ökonomischen Krise; zu Holland mit zu viel Wind und zu wenig Mühlen; zu Flandern, wo ich großgezogen und verbogen wurde; zu der wunderlichen Familie de Roeck; zu der Welt, in der meine kleine Welt ihren Ort hat.

Ich kann mir zwar eine Weile vormachen, daß ich außerhalb stehe; daß ich mich nicht kümmere um Organisationen, um Politik, um Normen der Familie, um holländisches Beamtentum. Aber lange gelingt mir das nicht, denn all diese Strukturen kümmern sich sehr wohl um mich – selbst wenn ich die Augen davor verschließe.

Ich bin ein Teil in verschiedenen Systemen: Familie, Hypothekenbank, Unterrichtsseminar, in dem ich arbeite, Umwelt mit dem dazugehörenden Straßennetz, Ökologie, Entwässerung und saurer Regen. Ich sitze mit in dem Zug, der ächzend durch die Kurven dieses Jahrhunderts dröhnt. Ich bin Miterbe einer Kultur, in der Arbeit nicht mehr „adelt“; in der Frauen sich hervortun; in der ökonomische und andere Kriege bewirken, daß Reiche immer reicher und Arme immer ärmer werden; in der die Technologie mir Bewunderung abfordert, mich mitreißt und – unterdrückt.

Aber ich bin auch eine eigenständige Persönlichkeit mit eigenem Charakter, eigensinnigen Gedanken; ich habe Privatwünsche und -träume. Ich bin nicht nur ein Teilchen der großen Welt, sondern auch eine selbständige Insel mit eigenen Gesetzen und Geheimnissen.

Mensch und Welt. Dazwischen spielt sich das Leben ab. Zwei Pole. Zusammen ein Ganzes: eine menschliche Welt und weltliche Menschen.

2. Störungen im Kraftfeld

Wenn ein Pol ausfällt oder durchdreht – es bleibt sich gleich, welcher –, dann treten Störungen auf. Das Licht geht aus, die Antriebskraft steht still. Mensch und Welt, Individuum und Gemeinschaft, einzelner und Gesellschaft, Person und Struktur –, sie alle bilden gemeinsam ein Energiefeld, das notwendig ist zum Leben.
Hin und wieder tendieren wir stärker in eine Richtung – zu einem Pol hin. Dann hat es den Anschein, als gäbe es den Gegenpol nicht, als bedeute er nichts. Das hat Folgen.

a) Hinwendung zu den großen Strukturen

Wir können zu den großen Strukturen hin tendieren. Die bestehenden Verhältnisse, Ideologie, Partei, ethnische Zugehörigkeit, Kirche, Betrieb werden dann ausschließlich wichtig, so daß man über Menschen hinwegsieht. Wichtig ist der Ruhm unserer großen Mutter, der Heiligen Kirche – die kleinen, einzelnen Menschen zählen nicht wirklich. Es geht um den großen Apparat. Die kleinen Rädchen brauchen sich nur einzufügen. Sie dürfen kein eigenes Programm haben. Keine eigenen Gedanken. Sie stehen im Dienst der großen Mächte. Minderheiten werden zum Schweigen gebracht. Die Bürokratie bestimmt, was passiert. Einheitsbrei. Weg mit der freien Meinungsäußerung! Massenbildung. Mode. Zensur.
Wenn die Gesellschaft (eine Familie, eine Einrichtung, eine Partei, ein Betrieb) sich einseitig auf die Interessen der großen Strukturen ausrichtet, dann wird der einzelne zum Spielball. Er muß einfach abwarten, wie es weitergeht. Bälle rollen dahin, wohin man sie stößt. Die Billardkugel dreht sich um die eigene Achse; für einen Augenblick vielleicht meint sie noch, sie sei frei; aber sie rollt in die Richtung, in die sie Umstände, Chefs, regierende Parteien oder der Vorstand gestoßen haben: links ein Stoß, rechts die Bande, Ergebnis: sie fällt ins Loch.
Wenn der Mensch sich so unterwerfen läßt, verliert er seinen eigenen Wert. Eigenes Urteil und Initiative gelten nicht mehr. Er

wird von außen und von oben verwaltet. Privatpersonen haben nur noch den kleinen Spielraum, ein wenig an ihren Angelegenheiten herumzubosseln. Die pessimistische Meinung über die Gesellschaft wächst: „Ich werd's wohl nicht mehr erleben ...", „Die tun ja doch, was sie wollen ..."
Wer selbst laut denkt und sich rührt, wird bald entlassen oder rausgeekelt oder sogar (z. B. in der Bundeswehr) verfolgt und bestraft oder – wie in Politik und Wirtschaft – von wichtigen Positionen ausgeschlossen.
Dort, wo sich Menschen der strukturellen Seite zuwenden, ist kein Raum mehr für Vertrauen, Unsicherheit und Fehler. Sie sind für einander verloren. Sie lauschen keinen Augenblick mehr auf das, was ihnen die leise innere Stimme zuflüstern möchte.
Diese Tendenz zur „gesellschaftlichen" Norm tut aber nicht nur dem einzelnen Menschen Unrecht, sondern auch der Gesellschaft selbst.
Sowohl Gesellschaft als auch Geschichte verlieren ihre Bedeutung, sobald der Mensch nicht mehr gesehen wird. Der „historische Prozeß" ist die Geschichte von Menschen, die beim Namen genannt werden. Drumherum ranken sich ihre kleinen und großen Erlebnisse. Die Gesellschaft ist das Werk von Menschen. Sie ist der Mensch in der Mehrzahl mit allem, was dazugehört. Sie ist nicht die Summe einzelner Faktoren, sondern sie ist ein Ganzes. Sie ist zusammengesetzt aus Vereinbarungen, Beziehungen, Normen, Sprache, Erbfaktoren, Oranisationen, finanziellen und politischen Gebilden.

b) Hinwendung zum einzelnen (Individualismus)

Es kann aber auch geschehen, daß wir in die andere Richtung gestoßen werden. Dann zählt nur noch die persönliche Entwicklung. Strukturen, Organisationen, das öffentliche Wohl, die Politik wirken sogar als Hemmschuh.
Ich bin ich und du bist du und das ist dein Problem. Individualismus und Individualisierung stehen an erster Stelle. Die Herausforderungen des Lebens werden umgesetzt in persönlichem Versagen, eigener Verantwortlichkeit, eigener Schuld oder persönlichem Erfolg.
Nicht die Gemeinschaft macht nun Geschichte, sondern Stars und Persönlichkeiten. Diese Sicht ist in Wirklichkeit die Kehrseite der vorigen. Die Trennung zwischen Individuum und Strukturen ist

ebenso groß. Nur daß man hier ganz und gar den anderen Pol beachtet, den des einzigartigen Individuums und der eigenen Entwicklung.
Man steckt als einzelner zwischen verschiedenen Strukturen, Gruppen und Instanzen in einer Geschichte, die zum großen Teil von fremden Kräften gemacht wird. Es gibt kein „Wir". Politik, Verwaltung, Zusammenarbeit werden kaum beachtet, es sei denn, um darüber zu meckern. Und unterdessen verwirklicht man sich selbst mit aller Gewalt.
Die Situation sieht dann ungefähr so aus:

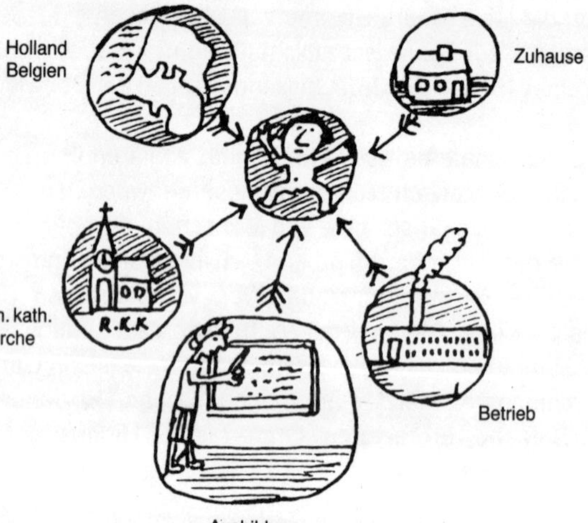

Trotz und mitten im starken Strom von Gesellschaft und Geschichte muß man dann versuchen, den eigenen Kopf über Wasser zu halten. Das ist nicht leicht, vor allem nicht, wenn man z. B. zu den echten Minoritäten gehört, durch eine hohe Hypothek belastet oder in einer schlecht organisierten pädagogischen Einrichtung angestellt ist!
Was nützt mir mein eigener kleiner Planet, wenn es die großen Planeten sind, die die Richtung bestimmen?
Vielleicht bin ich sogar tapfer und versuche meine eigene Identität zu verteidigen, trotz allem. Trotz des bürgerlich-katholischen

Nests, aus dem ich stamme. Trotz der Tatsache, daß ich nolens volens Mitglied in der NATO oder einer Altersversicherung bin. Trotz der drohenden Zerstörung unseres Planeten. Vielleicht versuche ich noch einen eigenen Weg zu gehen, trotzdem. Dann reicht meine Welt aber nur so weit wie meine eigenen Grenzen. So weit, wie meine Nase lang ist: Emanzipation und Selbstentfaltung in einer gläsernen Flasche; zehn Jahre Zeitraum für das Ich, fünfzehn Jahre für die ganz Naiven.

Es ist kein ehrlicher Kampf, gegen die Strukturen das eigene Selbstsein erkämpfen zu müssen. Wenn ich mein Leben individualistisch organisiere, dann organisiere ich meine „andere Hälfte" aus dem Weg: meine soziale Realität. Damit reiße ich mich selbst aus meinem Zusammenhang, aus meiner Geschichte, aus meinen Wurzeln.
In der kulturellen Umwelt, in der ich aufgewachsen bin, war das die übliche Art, die Dinge zu betrachten. Ich habe reichlich dafür bezahlt. In gewissen Formen der Erziehung, des Unterrichts, der Therapie, der Lohn- und Gehaltspolitik usw. ist die Art, die Dinge so zu sehen, immer noch vorhanden.

Mit dieser Betrachtungsweise machen wir uns selbst und den anderen einsam, zu Rivalen und gesellschaftlich machtlos, denn wir erleben Gesellschaft, Familie und Mitarbeiter im Kampf gegen uns. Wir sehen sie als Feinde unserer persönlichen Wunschträume und unseres individuellen Wachstums. Sie sind für uns groß-und-viel, wir dagegen nur klein-und-wenig.
Wer sind wir denn letztlich? Was ist unser Ureigenstes? Auch die ursprünglichsten und revolutionärsten Gedanken entlehnen wir irgendwo. Strukturen lassen sich nicht einfach verändern, und schon gar nicht durch den einzelnen.
Wir können uns voller Groll von der Partei oder von der Kirche abwenden, weil die Entwicklungen, die wir erhofften, wieder einmal um hundertfünfzig Jahre hinausgeschoben wurden; wir können meckern über den immer gleichen, alten Trott und das Chaos in unserer Familie oder uns erregen über die Sitzungen mit unserem Mitarbeiterteam: der kaum versteckte Machtkampf unter Menschen, die jedesmal, wenn sich wirklich etwas zu bewegen scheint, mit der Mehrheit der Stimmen panisch die Uhr um fünf Jahre zurückstellen. Diese Haltung ist oft verbunden mit einem Widerwillen gegen alles, was Obrigkeit, Bürokratie, Technologie

oder Struktur darstellt. All dies wird als unpersönliche und unmenschliche Macht erlebt.
Selbstverständlich können Bürokratie, Geschäftsführung und Banken einen destruktiven Kurs einschlagen, wie jede sonst gute Institution. Aber neben den unguten Randerscheinungen gibt es auch Initiativen von Menschen, die etwas miteinander tun möchten und dazu neue Wege einschlagen: *ein* gemeinsames Projekt, *ein* Telephon, *ein* Sekretariat, *ein* Schrankfach, *eine* gemeinsame Kirchengemeinde – alles Werkzeuge und Mittel, um gemeinsam etwas zu haben, ohne gezwungen zu sein, die persönliche Eigenart ablegen zu müssen; gewisse Formen der Freiheit mit den dazugehörenden Ordnungen und juristischen Absicherungen. Produkte des ordnenden Menschen: kreative und soziale Bewahrung des Lebens.
Wenn man mit einer individualistischen Grundeinstellung in einer Organisation arbeitet – mag das nun in einer Druckerei sein, im Unterrichtswesen, in der Gesundheitsfürsorge oder in der chemischen Industrie, das bleibt sich gleich –, dann wird man in jedem Fall als eigenständiger Mensch mit den anderen in Konflikt geraten. Man wird anrennen gegen einen schwerfälligen Mitarbeiterstab, gegen veraltete Regeln, gegen Verfahren und Politik, über die man keine Gewalt hat. Man arbeitet sozusagen in eigener Regie, um eigene Ideen zu verwirklichen, aber im Rahmen einer Institution, die einen kaum unterstützt. Das ist ein Zermürbungskrieg, bei dem man schon im voraus weiß, wer der Verlierer sein wird... Oder: Sollte man tatsächlich doch gewinnen, dann geben sich die anderen geschlagen. Du hast jetzt zu bestimmen... und das Karussell dreht sich genauso stumpfsinnig in die andere Richtung.

„Er fällt immer wieder darauf herein. Er macht sich verantwortlich für das Ganze, als ob die Zukunft von ihm alleine abhinge. Aber er fühlt sich verkannt, wenn gesunde Entwicklungen auf Widerstand stoßen. Er strampelt wie der Teufel im Weihwasserfaß, um Probleme zu lösen, und ruft damit wieder neue Widerstände hervor, bis hin zum ‚heiligen Krieg'. Und dann gibt's nur noch ein Entweder-Oder: Entweder geht er, oder sie geben sich geschlagen."
„Aus egoistischen Gründen vergesse ich gerne, daß mein Lebensentwurf keine individuelle Sache ist, sondern Teil eines weit über mich hinausreichenden Planes. Ich rege mich furchtbar auf, wenn nicht alles so läuft, wie ich es will. Wenn ich krank werde und ausfalle, erinnere ich mich wieder: So wichtig bin ich gar nicht. Die Welt dreht sich auch ohne mich weiter.

Wahrscheinlich werde ich erst posthum von meinem Individualismus geheilt sein. Sterben ist das letzte aber unfehlbare Mittel gegen diese Krankheit. Dann steigt das einzelne Individuum aus, und der große Zug fährt weiter."

„Sie ist stolz darauf, autark zu sein, sich gegen alle Widerstände zu behaupten. Sie kann tagelang mit mürrischem Gesicht herumlaufen, egal wie den anderen dabei zumute ist. Be yourself. Sollte das jemanden stören, dann ist das sein Problem. Sie ist sie.

Außerdem putscht es sie auf. Andere gegen das Schienbein tretend, kommt sie selbst ein gutes Stück weiter. Jeder wird wissen, daß es sie gibt – und erlöst aufatmen, wenn sie die Tür hinter sich zuzieht."

3. Das Kraftfeld als lebendige Einheit

a) Die Gesamtheit macht dich zu dem, der du bist

Es gibt auch eine andere Möglichkeit, die Beziehung zwischen uns und der Welt zu betrachten. Diese Art zu sehen wird beiden Polen im Spannungsfeld gerecht: Person – Struktur; Individuum – Gesellschaft; Geschichte – Hier-und-jetzt; Familie – Kind...

Familie: Wir haben außer unseren Vornamen auch einen Familiennamen: Van Zanten, Teerling, Polak. Die Familie, aus der ich stamme, macht mich ebenfalls zu dem, der ich jetzt bin: „Wenn sie meine Familie kennen würden, dann würden sie mich verstehen...!"

Ich habe mich nicht selbst geschaffen. Ich bin das Produkt, an dem jahrhundertelang mit mehr oder weniger Geschick gewirkt wurde – das Ergebnis: Sieh mich an!

„Ich habe die Augen vom Vater und die Nase von der Mutter, sagt man, und als Kind habe ich jahrelang die Hosen meines ältesten Bruders aufgetragen. Aber ich werde selber entscheiden, wozu ich die Augen meines Vaters benutze – in was ich die Nase meiner

Mutter stecke und wieviel Lebensraum ich dem Inhalt der Hosen meines Bruders gönnen werde..."

Stadt und Umgebung: Ebenso gehören wir zu einer Stadt, einem Dorf, einem Gebiet: Neapel, Brabant, Borgerhout, Amsterdam. Auch dadurch wird bestimmt, wer wir sind. Ich spüre es in den Knochen, daß wir hier unter dem Meeresspiegel wohnen. Einen Brabanter riecht man. Wenn Menschen in einem Land wohnen, in dem ihnen die Sonne nur ganz sparsam zugeteilt wird, dann werden sie selbst sparsam. In Gegenden oder Jahreszeiten, in denen der Himmel mehr Düsternis über die Menschen ausbreitet, stellt man häufig eine niedergedrückte Stimmung unter ihnen fest. Wo in Niederungen durch Nebel und Dunst die Konturen von Häusern, Bäumen und Leitungsmasten verschwimmen – was übrigens auch seinen Charme hat! –, da entsteht leicht eine verschwommene Art zu denken und zu sprechen...

Lebenslauf: Auch unser Lebenslauf ist solch ein Ganzes, in dem wir nur ein Teilchen sind.
Wir sind zusammengesetzt aus allem, was uns *mit gemacht* hat, und aus allem, was wir *mitgemacht* haben: unsere Geschichte innerhalb der Geschichte, unsere Jahresringe und unsere Erfahrungen. Aus einem hundertjährigen Baum kann man keine zwanzig Jahresringe herausschneiden. Dann geht er ein. Das gleiche geschieht den Menschen. Manche Menschen halten Teile ihres Lebenslaufs für Narben alter Geschwüre, die sie verschwinden lassen möchten. Eventuell durch eine Therapie. Sie wollen einen Strich unter die Vergangenheit ziehen und neu beginnen. Deine Jahresringe behältst du. Du kannst sie positiv oder negativ nennen, aber es sind deine „Gegebenheiten", mit denen du etwas anfangen kannst. – Bäume, die im Küstengebiet wachsen, krumm geworden unter der Gewalt der Seewinde, darfst du nicht geradebiegen wollen. Ihre Lebenschancen sind krumm, und dieses Krummsein ist nun ihre reelle Lebenschance.
Vielleicht haben auch wir durch schwierige Jahre, die hinter uns liegen, krumme Lebenschancen: durch eine unglückliche Internatszeit; durch viele Jahre der Kriegsgefangenschaft; durch eine erniedrigende, fünfzehn Jahre dauernde Ehe; weil wir zu lange auf vergiftetem Boden gewohnt haben; durch Arbeitslosigkeit oder andere soziale Bedürftigkeiten... Diese Gegebenheiten sind jetzt – zumindest vorläufig – das Material, aus dem wir unser Leben

formen können. Mit diesem Material haben wir bis jetzt gelebt und werden es auch weiterhin tun müssen.

Andere Lebensräume: Es gibt aber noch viel mehr Lebensräume, zu denen wir als ein Teilstück gehören: diese Zeitspanne der Geschichte, diese Ehe, dieser Beruf, diese Ausbildung.
Auch diese Einheiten, zu denen wir gehören, machen uns zu dem, der wir sind. Sie bestimmen unsere Anschauungen und unsere Fähigkeit, die Dinge zu sehen; unser Denken in dieser Sprache; unsere Armut oder unseren Reichtum; unsere Sehnsüchte; unseren Körper (als Westeuropäer werden wir beispielsweise niemals die körperliche Frische und Würde haben, die viele Afrikaner noch ganz ursprünglich besitzen. Dafür ist durch unsere Bildung viel zu viel von uns „verbildet" worden).
Wenn du erklären willst (dir selbst oder anderen), wer du bist, wirst du erzählen müssen, wozu du gehörst. Die verschiedenen Kapitel deiner eigenen Geschichte werden zum großen Teil von Gruppen oder Orten handeln, in denen du gewesen bist. Die Familie mit ihren typischen Gewohnheiten, Normen und Familienkrankheiten. Das Internat mit den dazugehörenden Nonnen, in das deine Eltern dich schickten, weil du ein schwieriges Kind warst. Das Verhältnis mit dem verheirateten Mann, mit dem du heimlich acht Jahre zusammen warst, und dies nach *seinen* Bedingungen.
„Wer bin ich?" verweist geradewegs auf die Frage: „Woher komme ich und wozu gehöre ich?"
Alle diese Kreise bestimmen dich, davon kannst du dich nicht freimachen – selbst wenn du durch die chemische Reinigung gingst. Die Kreise durchdringen dich und machen dich zu dem, der du bist. Ungefähr so (nur noch mit sehr viel mehr Kreisen):

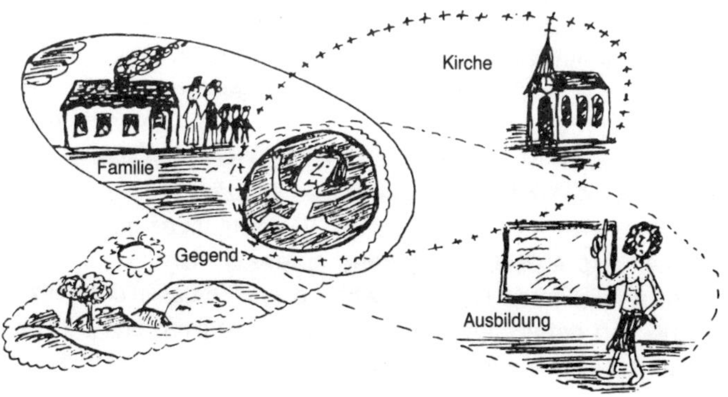

b) Systemdenken als ökologisches Denken

Die Dinge in ihren Zusammenhängen sehen: Das Systemdenken geht davon aus, daß alle lebenden Dinge (Organismen) in einem Zusammenhang stehen, daß sie sich gegenseitig beeinflussen, von einander abhängig sind und sich gegenseitig erhalten. Sie bilden ein großes Ganzes, in dem Leben und Überleben eine gemeinsame Sache sind. Das Ganze überlebt und findet schließlich sein Gleichgewicht, während einzelne Teile absterben können, vernichtet werden oder sich ändern.

Im ökologischen Denken wird der Nachdruck besonders auf die natürlichen Systeme gelegt: Boden, Atmosphäre, Meer, Tiere, Pflanzen und Menschen brauchen einander, um ein Gleichgewicht zu schaffen, das Leben garantiert. Das Ausfallen (ausgerottet werden) eines oder mehrerer Glieder (beispielsweise: Tierarten, Meer, saubere Luft) zerstört die Lebensfähigkeit des Ganzen. Systemdenken und ökologisches Denken fließen ineinander: ökologisches Systemdenken.

Deshalb: Um etwas von Menschen, Organen, Boden, Pflanzen usw. zu begreifen, darf man sie nicht nur als Einzelwesen analysieren, sondern man muß sie als „lebendige" Teile des Ganzen sehen.

Die Illusion, daß wir das Geheimnis lebender Organismen ergründen könnten, indem wir nur die kleinstmöglichen Teile untersuchen, Moleküle, Atome, Protone, Neutrone..., diese Illusion ist inzwischen geplatzt.

Wie nützlich es auch sein mag, spezalistische Teiluntersuchungen anzustellen, ist uns trotzdem immer klarer geworden, daß dazu eine Gesamtschau notwendig ist. Wir können die Realität zwar verstandesmäßig in Scheiben schneiden – und diese Scheiben stimmen dann überein mit unseren Vorstellungen –, aber von der konkreten Wirklichkeit sind wir damit weit entfernt.

Man kann Krebszellen untersuchen bis man Sterne und Streifen sieht; dadurch wird man jedoch niemals erkennen, was „Krebs" bedeutet. Aus einem Teilchen eines Puzzles kann man nicht ablesen, was das Puzzle darstellt. Vielleicht ist es möglich, von dieser abscheulichen Volkskrankheit etwas mehr zu begreifen, wenn wir sie in ihrer Ganzheit sehen, d. h. wir müssen den ganzen Menschen getrachten, der mit Krebs zu tun hat und von ihm angenagt wurde, seine Lebens- und Ernährungsgewohnheiten;

sehen, ob er sich an seinem Ort heimisch fühlt, in der Liebe glücklich ist; ob er in gesunder Umgebung gedeiht oder unter Bleiverseuchung einer Fabrik oder einer Autobahn leben muß. Der Mensch kann viel ertragen und erholt sich wieder. Wenn aber die destruktiven Kräfte ihn an vielen Fronten gleichzeitig belagern, und das über einen längeren Zeitraum hinweg, dann besteht ein großes Risiko, daß er schließlich unterliegt.

Vorgegebene und geschaffene Systeme: Wir befinden uns – grob geschätzt – in zwei Arten von Systemen. Das sind die „vorgegebenen" (organischen oder natürlichen) und die „geschaffenen" Systeme.

Die „vorgegebenen" Systeme sind der Nährboden für die „geschaffenen".

Die geschaffenen Systeme pfropfen sich sozusagen den vorgegebenen Systemen auf, sie sind abhängig davon und fördern oder stören die Entwicklung der natürlichen (vorgegebenen) Systeme. Sie sind wie Parasiten, die ihren Träger gesund erhalten können oder – ihm zum Untergang verhelfen.

Ein vorgegebenes (oder natürliches) System kann eine Zelle sein, ein Organ, ein Fisch, ein Mensch, eine Familie, eine ethnische Gruppe, eine Gegend, eine Insel. Die kleineren sind lebendige Teile (Teilsysteme) der größeren und haben nur ihren Sinn im Kontext der größeren.

Natürliche, vorgegebene Systeme *in uns* sind beispielsweise: Zellen, Organe, Blutkreislauf, Stoffwechselprozesse.

Natürliche, vorgegebene Systeme *um uns* sind etwa: die Atmosphäre, die menschliche Art, die natürliche Umwelt, die sich selbst reguliert – mit uns oder ohne uns oder gegen uns.

Im Blick auf die natürlichen Systeme *in uns* sind wir selber das größere Ganze. Darum suche ich einen Arzt, der nicht meine Gallenblase, sondern *mich* behandelt.
Im Blick auf die natürlichen Systeme *um uns* sind wir selber untergeordnete Teilsysteme. Das größere Ganze bestimmt an erster Stelle das Teilsystem. Wir können schreien wie wir wollen – wenn die Atmosphäre vergiftet ist, verkümmern wir. Es gibt zwar Fälle, in denen dies anscheinend nicht stimmt. Wenn die Luft vergiftet ist, kannst du mit einer Gasmaske und einer Sauerstoffflasche auf dem Rücken überleben, wenn auch nicht sehr lange. Ein anderes Beispiel ist das der Krebszellen. Sie haben tatsächlich ihre Bestimmung vom ganzen Menschen her (vom größeren System) verloren und führen nun scheinbar ein Eigenleben. Ausbreitung und Entwicklung sind nicht mehr dem größeren Ganzen untergeordnet. Das ist jedoch eine Täuschung, denn sie entstehen und entwickeln sich weiter durch die Art, wie die Person, die Krebs „hat", lebt und sich ernährt – wenn diese Person stirbt, sterben sie mit.
Natürliche Systeme entwickeln sich innerhalb der größeren Einheiten. Wenn sie nicht mehr hineinpassen, zerfallen sie zu niederen Organismen, die dann allerdings im größeren Ganzen einen neuen Ort finden können. Auf diese Art evoluieren Zellen, Organe, Organismen, Tiere, Menschen, Rassen, Ozeane, Erde, Atmosphäre und kosmisches Gleichgewicht.
Hier gelten die sogen. Naturgesetze: Schwerkraft, Fusion, Transformation, Aufbau- und Abbruchgesetze, Leben und Sterben. Das hat Bedeutung in der Gesamtheit.
Die natürlichen Gesetze sind zuverlässig. Sie regulieren sich selbst, mit uns oder ohne uns, unfehlbar – zumindest auf lange Sicht. Das Gleichgewicht erholt sich, selbst wenn wir mit unserem Wahnsinn die Zeit um zwei Millionen Jahre zurückdrehen. Wir können die Natur zwar beeinflussen, aber in der Hand haben wir sie nicht.

Geschaffene Systeme: Die geschaffenen Systeme sind Menschenwerk, also können wir sie auch verändern: die heutige Regierung, das Geschäftsleben, das Wettrüsten, die Ökonomie, soziale Errungenschaften, Energiegewinnung, Familienkonflikte.

Die geschaffenen Systeme sind den natürlichen untergeordnet. Wenn wir all diese Dinge „schaffen", um unsere Welt zu organisieren, dann müssen wir allerdings darauf achten, daß sie mit den natürlichen Systemen übereinstimmen, mit den tatsächlichen Bedürfnissen, mit dem Milieu und mit dem ganzen Menschen. Andernfalls graben wir uns unser eigenes Grab.
Hier liegt unsere Verantwortung: daß wir mitbauen an der Welt, an der Gesellschaft und an der Zukunft auf eine Art und Weise, die mit den großen Lebensgesetzen übereinstimmt. Wenn wir uns die Natur zum Feind machen, werden wir immer den kürzeren ziehen.

Die Doppelleiter: Eine Systemleiter sähe ungefähr so aus wie die abgebildete Doppelleiter. Ungefähr, denn die rechte Schattenleiter ist natürlich mit der linken Leiter verwachsen. In diesem Ganzen haben auch wir unsern Ort.
Die oberen Stufen (auf der Leiter) geben jeweils im Blick auf die niedrigeren Stufen (auf der Leiter) das

Doppelleiter

größere Ganze an, zu dem diese niederen Stufen gehören. Jede Stufe muß sich in die höhere einfügen und erhält Normen und Existenzmöglichkeit aus diesem größeren Ganzen. Das gilt gleichermaßen für die geschaffene als auch für die vorgegebene Leiter. Wir Menschen stecken in dieser Leiter irgendwo mittendrin und können mit Hilfe unserer Wahrnehmungsorgane Einsichten und Erkenntnisse ansammeln über die verschiedenen Sprossen dieser Leiter. Das Wissen über Ebenen, die niedriger sind als unsere eigene, ist recht weit gediehen. Es betrifft Organe, Zellen und Zusammensetzung anderer Lebewesen. Schwieriger ist es, Erkenntnisse über Ebenen zu erwerben, die auf der Leiter über uns liegen, weil sie unser Begriffsvermögen (den Horizont), übersteigen.
Dann neigt man leicht dazu, über Strukturen oder Familienprobleme (die die persönliche Ebene übersteigen) individualisierend oder psychologisierend zu sprechen. Wir übertragen Bekanntes aus der persönlichen Ebene auf höhere Ebenen (Projektion).
Ein Beispiel: Wir versuchen, die Familie mit ihren Problemen zu erfassen, indem wir vom Selbstwertgefühl der einzelnen Familienmitglieder oder von ihrem individuellen Verhalten im Blick auf andere Familienmitglieder ausgehen. Das bedeutet: Wir versuchen das Ganze (Familie) zu verstehen, indem wir die Teile (Individuen) analysieren. Das führt zwar weiter, bleibt aber natürlich nur ein armseliger Versuch. Die gleiche Neigung zum Psychologisieren und Individualisieren begegnet uns in Hinsicht auf gesellschaftliche Realitäten. Gesellschaftliche Katastrophen wie strukturelle Arbeitslosigkeit, Mangel an sozialer Sicherheit, Entartung gesellschaftlicher Werte, das Unvermögen einer Regierungsmannschaft zur Zusammenarbeit, die unredliche Machtverteilung im Kampf zwischen den verschiedenen Interessengruppen ... das alles wird abgewälzt auf den Rücken individueller Sündenböcke, persönlichem Versagen zugeschoben und mündet in dem Ruf nach einem starken Mann à la „Mister Thatcher". Aus der Funktion des Ganzen heraus gemeinsame Aktionen und Zusammenarbeit in Gang zu bringen ist jedoch nur selten gelungen.
Noch deutlicher ist diese Ohnmacht im Blick auf die kosmische und unendliche große Realität. Hierzu fehlen uns Begriffe und Worte ganz und gar. Projektionen, die hierzu verwendet werden, sind dann so weit hergeholt, daß sie kaum noch einen Inhalt haben. Die Vermenschlichung der „höheren" Wirklichkeit wird schon bald zur Karikatur.

Die Einheiten, in denen wir leben, werden relativiert durch das unübersehbare (unendliche) große Ganze, in dem sie ihren Platz haben. Wo es sich um größere Einheiten handelt, die uns bei weitem übertreffen, ist mehr Bescheidenheit geboten. Die Ameise, die jahrelang in Rom lebte, hat kaum etwas von Rom gesehen. Von unten nach oben (auf der Leiter) ist unser Blickfeld eingeschränkt.

Wenn es um das Gesamte geht, ist Achtung und Ehrfurcht geboten. Oft können wir nur sagen, was es nicht ist (Denkweise der Verneinung). Unsere Worte – weil sie einer viel kleineren Ordnung zugehören – sind ungeeignet, die höhere Wirklichkeit auszudrücken. Sie können nur darauf hinweisen. Ein Wort oder ein Begriff sind wie ein Finger, der auf den Polarstern zeigt. Wer sich auf den Finger einläßt und ihn analysiert, wird niemals auch nur einen Schein des Polarsterns erhaschen.

Wenn wir mit Worten die uns unermeßlich übersteigenden Systeme zu erfassen suchen (Gott? Kosmos?), dann verweisen wir nicht auf eine höhere Macht über uns oder außerhalb von uns, sondern auf eine Wirklichkeit, der wir selbst zugehören – ob wir das nun wollen oder nicht. Es ist eine Wirklichkeit, die gleichzeitig *in* uns ist.

Damit umfassen die ökologische Schau und das Systemdenken, das darin seinen Ort hat, zugleich die geistigen Traditionen von Ost und West, in denen die Verbundenheit (religio) all dessen, was ist, den zentralen Punkt ausmacht.

Als Mensch bist du ein lebendiger Teil des lebendigen Kosmos, und das All ist in dir. Hin und wieder, wenn wir in ganz seltenen Augenblicken uns selbst so erfahren, sprechen wir von mystischer Selbsterfahrung.

Diese Umwelt-bezogene Sicht des Systemdenkens will eine nur mechanische Abläufe berücksichtigende Denkweise nicht verketzern. Im Gegenteil, sie umschließt auch diese mechanistische Sicht der Welt und füllt sie an mit dem ihr fehlenden Gegenpol des großen Ganzen.

Man kann seine eigene Gesundheit als Summe der Lebensweise, des gesellschaftlichen Ansatzes, der natürlichen Umwelt usw. ansehen, und gleichzeitig kann man sich – ganz mechanistisch – den Blinddarm oder die Gallenblase herausoperieren lassen, wenn sie Schaden verursachen, der sich auf andere Weise nicht beseitigen läßt.

„... Kein Mensch jedoch – erlaube mir das zu sagen, Casimir Roseboom, kein Mensch kann Mittelpunkt des gesamten Lebens sein. Jeder Mensch ist nur der Mittelpunkt seines eigenen Lebens. Du bist der Mittelpunkt deines eigenen, finsteren Lebenstraumes, deiner Unruhe, deines Unglaubens, deiner Verkehrtheiten, deiner selbstsüchtigen Liebe. Als mein Mütterchen von mir ging, glaubte ich auch, die Welt ginge unter. Aber warum sollte die Welt untergehn, solange noch andere Mütter, Väter, Söhne und Töchter der Mittelpunkt anderer Leben sind? All diese kleinen, anspruchslosen Leben zusammen bilden das ganze Leben, so wie alle Blütenblättchen zusammen erst die vollkommene Blume bilden. Nein, Casimir, du irrst: die Welt ist nicht untergegangen" (Ward Ruyslinck, Het Dal van Hinnom, 1966, S. 165).

4. Die Geschichte dessen, was nicht ist, oder dessen, was ist

Manche Leute erzählen ihre Geschichte oft als Schicksal, dessen Opfer sie geworden sind und nicht als etwas, das sie selbst mit den vorhandenen Fähigkeiten verursacht haben. Sie erzählen ihre Geschichte, um zu erklären, daß sie lediglich dieses oder das ... – als Entschuldigung für das, was aus ihnen geworden ist. Die Geschichte der verfehlten Chancen, dessen, was sie entbehren, des Versagens: die Geschichte dessen, was nicht ist.
Dazu gehört eine leiernde, nervtötende Stimme. Nur vom Zuhören wird man schon müde!
„Mein Vater hatte nie Zeit für mich, und meine Mutter hatte nie Zeit für mich, und bei so vielen Kindern zählte ich natürlich nicht. Und ich wollte gerne spielen, aber wir mußten immer arbeiten ... Und die Liebe, die mir gefehlt hat, das kann man mir immer noch anmerken. Bereits als ich drei Jahre alt war – seit der Zeit schon –, wenn mir das Butterbrot auf den Boden fiel, dann fiel es immer mit der Butter- und Marmeladenseite nach unten. So ist, bildhaft gesprochen, mein ganzes Leben verlaufen. Eine Kette von Traumata."
Wenn wir anfangen alle Gründe aufzuspüren, durch die wir nicht geworden sind, was wir hätten sein können und wodurch wir also nicht sind, was wir eigentlich sein müßten, dann kommt eine ganze Fülle von Einzelheiten zutage. Auf diese Weise machen wir uns selbst jedoch immer ärmer. Der einzige, der dabei reicher werden kann, ist der Psychiater.
Meine Identität und mein Wert haben ihren Ursprung im „wir". In diesem „wir" liegt die Tatsache, daß ich Wurzeln habe und irgendwo dazugehöre. Auf meine Wurzeln bin ich angewiesen, vor

allem in schwierigen Zeiten. Deshalb ist es lebensnotwendig, die Wurzeln aufzuspüren, in denen noch Saft steckt. Damit werde ich nun auskommen müssen. Ich komme nicht sehr viel weiter, wenn ich immer nur Verletzungen und traumatische Erlebnisse aus der Vergangenheit sammle. Das soll nicht heißen, daß wir die alten, unangenehmen Dinge einfach übergehen und vergessen sollen, sondern es bedeutet, daß wir all dies Vergangene nicht redlich betrachten können, wenn wir nicht auch das Wertvolle aus jener Zeit sorgfältig zusammengetragen haben.

Übung I: „Woher komme ich und zu wem gehöre ich?"

■ *Erster Schritt:*
Schreibe in die unten gezeichneten „Tortenstücke" die Kreise und Gruppen, zu denen du gehörtest oder gehörst. Schreibe das so konkret wie möglich auf und füge einige Charakteristika hinzu; in das erste Fach also nicht nur „Familie" und in das zweite „Schule", sondern beispielsweise zu eins: „Ich gehörte zu den de Roecks. Sie hatten neun Kinder. Eine tapfere, bürgerliche Familie, die sich über Wasser hielt. Die Bäckerei war im Keller; der Laden nur durch eine Glastüre vom Wohnraum getrennt. Der Vater..." usw. Erzähle in der dritten Person, um mehr Abstand zu gewinnen und nicht gleich Werturteile zu fällen.

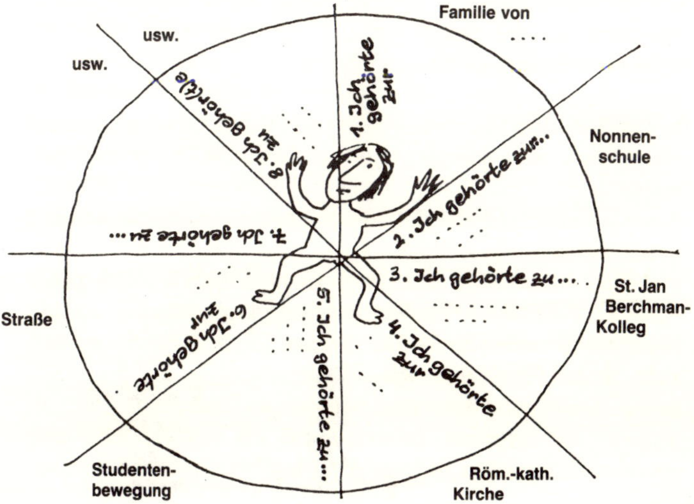

Denke daran, in jedes Fach auch Namen von Menschen, die dazugehören, zu schreiben, Namen von Kindern, Nachbarn, Großeltern usw. In das zweite Fach z. B.: „Ich gehörte zur Nonnenschule der Annunciaden-Schwestern in der Willibrordusstraße. Und zu einer Gruppe Jungen und Mädchen im Alter von drei bis sieben Jahren. Da war z. B. Schwester Alix und Schwester Rogeria ..." usw.

■ *Zweiter Schritt:*

a) Benutze dies als Material, um jemandem zu erzählen, „wer du bist" von 1, 2, 3, 4 ... her gesehen. Eins nach dem anderen. Schildere zuerst kurz, wie es dort war. Tu das möglichst nüchtern, ohne dich von emotionalen Reaktionen hinreißen zu lassen. Erzähle es deshalb in der dritten Person: „Die Mutter war ... Der Vater war ...« (also nicht: „Meine Mutter", „mein ältester Bruder", „ich").

b) Nenne in jedem Teilstück auch etwas, was dir wertvoll gewesen oder geworden ist: etwas Gutes, das du dir dort für dich selbst geholt hast, oder etwas, was dir wertvoll gewesen oder geworden ist: etwas Gutes, das du dir dort für dich selbst geholt hast, oder etwas, was du dort für dein Leben gelernt hast (wie schlimm es dort auch gewesen ist, du hast überall auch immer etwas Gutes mitgenommen): „Weil ich damals (das ... und jenes ...) erlebt habe, kann ich jetzt ..."

c) Bitte denjenigen, dem du deine Geschichte erzählst, dir zu helfen, deinen Auftrag nach a) und b) auszuführen, ohne in Jammern oder Beurteilen zu verfallen.

■ *Dritter Schritt:*

Prüfe „wo du" und „was du" in deinem Körper fühlst, wenn du auf diese Art über sich selber sprichst. Auf diese Art einschätzend, was du erlebt hast in den Kreisen, zu denen du gehört hast; auf diese Art auch, dich selbst mit deiner Vergangenheit und der Geschichte anderer Menschen verbindend.

■ *Vierter Schritt:*

Versuche, die Tatsachen aus dem ersten und zweiten Schritt in die Wir-Form zu übersetzen, um noch deutlicher auszudrücken, daß du Teil des Ganzen warst, des Kreises.

Beispiel: Anstelle von „In der Schule kämpfte ich mit jedem. Jeden Tag verteilte ich Prügel und bekam selber auch Prügel..." steht nun: „Wir, in der Jungenschule, versuchten einander zu übertrumpfen mit bissiger und grober Sprache, mit schrägen Witzen, mit der Faust und mit zweifelhaften Heldentaten."

„Bei uns in..." oder „Wir..." ist eine Ausdrucksform, mit der wir nicht mehr abrücken von der Realität, die uns prägte. Sie wird dann zu einer sozialen Realität, der wir angehören; z. B.: „Bei uns zuhause wurde Autorität nicht in Frage gestellt oder diskutiert. Es gab kein Warum. Warum? Darum..." anstelle von: „Meine Eltern waren sehr autoritär" usw.

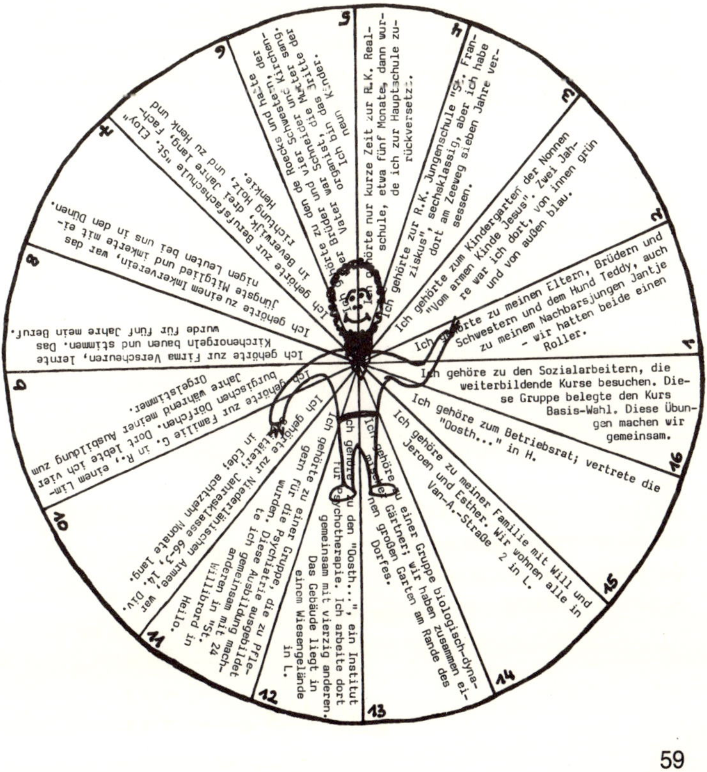

Beispiele zum ersten Schritt

(Texte zur Zeichnung S. 59)

1. Ich gehörte zu meinen Eltern, Brüdern und Schwestern und dem Hund Teddy, auch zu meinem Nachbarsjungen Jantje – wir hatten beide einen Roller.
2. Ich gehörte zum Kindergarten der Nonnen „Vom armen Kinde Jesus". Zwei Jahre war ich dort.,Von innen grün und von außen blau.
3. Ich gehörte zur R. K. Jungenschule „St. Franziskus", sechsklassig, aber ich habe dort am Zeeweg sieben Jahre versessen.
4. Ich gehörte nur kurze Zeit zur R. K. Realschule, etwa fünf Monate, dann wurde ich zur Hauptschule zurückversetzt.
5. Ich gehörte zu den de Roecks und hatte vier Brüder und vier Schwestern, der Vater war Schneider und Kirchenorganist, die Mutter sang. Ich bin das dritte der neun Kinder.
6. Ich gehörte zur Berufsfachschule „St. Eloy" in Beverwijk, drei Jahre lang, Fachrichtung Holz, und zu Henk und Henkie.
7. Ich gehörte zu einem Imkerverein, war das jüngste Mitglied und imkerte mit einigen Leuten bei uns in den Dünen.
8. Ich gehörte zur Firma Verscheuren, lernte Kirchenorgeln bauen und stimmen. Das wurde für fünf Jahre mein Beruf.
9. Ich gehörte zur Familie G. in R., einem Limburgischen Dörfchen. Dort lebte ich vier Jahre während meiner Ausbildung zum Orgelstimmer.
10. Ich gehörte zur Niederländischen Armee, war Sanitäter; Jahresklasse 66–3, 14. Div. in Ede; achtzehn Monate lang.
11. Ich gehörte zu einer Gruppe, die zu Pflegern für die Psychiatrie ausgebildet wurden. Diese Ausbildung machte ich gemeinsam mit 24 anderen in „St. Willibrord" in Heilo.
12. Ich gehöre zu den „Oosth ...", ein Institut für Psychotherapie. Ich arbeite dort gemeinsam mit vierzig anderen. Das Gebäude liegt in einem Wiesengelände in L.
13. Ich gehöre zu einer Gruppe biologisch-dynamischer Gärtner; wir haben zusammen einen großen Garten am Rande des Dorfes.
14. Ich gehöre zu meiner Familie mit Will und Jeroen und Esther. Wir wohnen alle in der Van-A.-Straße 2 in L.
15. Ich gehöre zum Betriebsrat; vertrete die „Oosth ..." in H.
16. Ich gehöre zu den Sozialarbeitern, die weiterbildende Kurse besuchen. Diese Gruppe belegte den Kurs Basis-Wahl. Diese Übungen machen wir gemeinsam.

Beispiele zum zweiten Schritt

(Nenne bei jedem Stück der Scheibe etwas, das für dich wertvoll gewesen oder geworden ist...)
Beispielsweise: Wertvolles aus der Familie, aus der du stammst.

□ „Was du tust, das tue so gut du kannst" war bei uns zuhause der Leitspruch. Das ist für mich eine Grundeinstellung geworden. Was mir anvertraut wird, ist damit auch bereits in guten Händen.

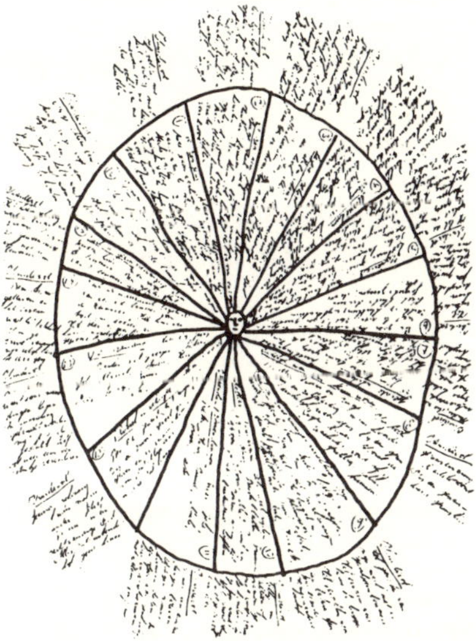

□ Bei uns zuhause gab es viele Auseinandersetzungen, und die wurden ausführlich miteinander besprochen. Das befähigt mich jetzt in meinem Beruf, schwierige Probleme aufzugreifen und offen darzulegen.

□ Ehrlichkeit und Gerechtigkeit war bei uns zuhause höchstes Gebot. Das ist der Grund dafür, daß ich in dieser Gesellschaft für diejenigen eintrete, die unter der Ungerechtigkeit der bestehenden Verhältnisse zu leiden haben.

□ In unserer Familie gab es etliche Sterbefälle. Meine Oma starb, zwei Brüder und verschiedene Verwandte starben. Dadurch gehört Sterben für mich unmittelbar zum Leben.

Beispielsweise: Wertvolles aus der Kirche

☐ Zusammen zur Kirche zu gehen, besonders an Feiertagen wie Weihnachten, gab mir ein Zusammengehörigkeitsgefühl mit anderen Menschen.

☐ Das Wissen um Religiosität („Es gibt etwas über das Sichtbare hinaus"). Ich habe gelernt kritisch zu beobachten, was Kirche und Glaube mit Menschen machen können. Wie die Probleme der Menschen häufig mit Tabus oder Schuldgefühlen zusammenhängen. Aber auch, wie Menschen sich aus dem Glauben heraus gestärkt fühlen können.

Beispielsweise: Wertvolles aus dem Freundeskreis

☐ Sie haben mir geholfen, meiner eigenen Arbeit gegenüber kritisch zu bleiben; vielleicht hätte ich sonst versucht, zu einseitig mein Ziel zu verfolgen.

☐ Durch meine Freunde habe ich erfahren, wie hilfreich es ist, wenn man auch offen mit seiner Hilflosigkeit zu jemandem hingehen darf. (A. B.)

Übung II: „Woher komme ich und zu wem gehöre ich?"

Es ist wichtig, sich für die eben beschriebene kurze Übung genügend Zeit zu nehmen, wenn sie „gut" werden soll. Lege ein persönliches Arbeitsheft an, schreibe die „kurze Übung" als Einleitung hinein und erarbeite danach einige der acht „Tortenstücke" ausführlicher als Einzelabschnitte.

Möglicherweise brauchst du dazu Wochen oder Monate; es ist jedoch nützlich für den Wert einer Suche nach deinem eigenen Sozialisations- oder Lernprozeß oder wenn du dein Leben irgendwie neu-ordnen möchtest, auf diese Weise vorher ein Inventar deines eigenen sozialen und historischen Ballasts anzulegen. Zumindest sollte man einige „Tortenstücke" klarer herausarbeiten. Beschreibe die Tatsachen und dazu deine Gefühle (das sind auch Tatsachen) – ohne jedoch in Selbstverurteilung oder Verurteilung anderer Menschen zu geraten oder in die unterschiedlichsten psychologischen Erklärungen. Zum Beispiel so:

Kapitel 1 (Tortenstück 1): „Unsere Familie: die ..."

a) Namen der Familienmitglieder ...
b) Mache eine Zeichnung deines Elternhauses und daneben oder hinein die deiner Familie. Oder zeichne etwas (oder jemanden), das (oder der) dir lieb war.
c) Einige Regeln, die in dieser Familie galten: ...
d) Wertvolles aus jener Periode, d. h. Dinge, die Gemeingut waren und die du „erhalten" willst.

...

...

...

e) Erzähle nette oder lustige Begebenheiten aus dieser Zeit.
f) „Wir". Erzähle die Geschichte deiner Familie kurz in der Wir-Form, ohne dich selbst davon zu distanzieren, sondern als deine soziale Realität.
g) Nimm zur Illustration Fotos oder Zeichnungen, dazu Anekdoten aus der Familie (hier keine Jammer- oder Klageberichte; die darf es zwar auch geben, aber nicht in diesem Heft).

Nun kannst du mit anderen Tortenstücken in gesonderten Abschnitten, angeregt durch dieses erste Kapitel, weiterarbeiten.

Die schwarze und die weiße Bücherei

Er war ein christlich-reformierter Junge aus einem katholischen Dorf im Süden. Mit einem Gesicht voller Sommersprossen und einem Glauben-der-die-Sonne-nicht-vertragen-kann. Zuhause, nicht zuhause, und nicht zuhause bei den Nachbarskindern. Er lernte eifrig, um etwas zu sein: der Klassenbeste; solide Diplome; guter Fachmann; Freunde und Beziehungen. Aber nirgends gehörte er dazu.
Und nun hat er Krebs. Einfach so, wie aus heiterem Himmel. Wieviel Zeit habe ich noch? Keiner kann es sagen. Noch ein Jahr? Noch fünf? Inzwischen ist ein düsteres halbes Jahr vergangen. „Ich habe viel über mein Leben nachgedacht", sagt er, „ich habe so viel entbehrt: Wärme, ein Heim, Leben."
Endlose Geschichten von allem, was nicht war und nicht ist, und der dazugehörenden Machtlosigkeit: das unendliche Zukurzgekommensein;

eine Krebsgeschichte, ohne Aufhören weiter-wuchernd; immer aufs neue alte Erinnerungen aufstoßend – genügend Material, um sämtliche Gespräche und Beziehungen mit tödlichen Metastasen zu infizieren.
„Meine Kollegen meiden mich, weil ich diese schreckliche Krankheit habe", sagt er. „Sie bleiben auf Distanz oder ganz weg. Sie schreiben mir, als ob ich bereits tot sei."
Alleingelassen klappert er nun die Leute ab. Mit der Krankheit unterm Arm als Eintrittskarte bei Ärzten und Sozialarbeitern oder als Visitenkarte für exklusive Aufmerksamkeit von Freunden und Bekannten – und von mir. Diesen Makel als neue Identität vor sich hertragend, gestempelt mit dem Zeichen „K" und um Wärme bettelnd: „Denn ich hatte kein Nest und keine Wärme und keine Nestwärme, und Vater war nie da, und meine Mutter kümmerte sich nicht um mich und die Umgebung schon gar nicht." Mit diesen Worten – undsoweiter undsoweiter bohrt er sich den Boden aus dem Herzen, so daß Wärme und Zuwendung hindurchfielen in ein bodenloses Niemandsloch.
Er saß da in meinem Schaukelstuhl neben dem Ofen. Hin und her schaukelte er und pumpte mir graues, trübes Gas in das Wohnzimmer. Mir wurde ganz beklommen zumute, blieb aber freundlich und spürte, wie inzwischen mein Inneres: „Nein! Nein!" schrie. Der höflich unterdrückte Zorn, der mir von innen an die Kehle griff, destillierte sich tröpfchenweise zu einem brandigen Schuldgefühl.
Bis ich es nicht mehr aushielt: „Weißt du, mir wird übel davon. Ich möchte abhauen und gleichzeitig zwinge ich mich, hier zu bleiben!" Nach langem Schweigen sagte er kläglich: „Und was ist mit mir?" „All diese Krebsgeschichten, die du laufend von dir gibst, machen mich krank; diese schwarze Bücherei, die ständig neue Titel auswirft. Das entzieht einem den Boden ... Wo sind die guten Dinge? Die warmen Erinnerungen? Die noch nicht publizierten reichen und fröhlichen Erzählungen deiner Geschichte? Die Lebenslinien, die es wert sind, festgehalten und aufgezeichnet zu werden?"
Wieder wurde es still, ganz still. Zögernd begann er auch von anderen Dingen zu erzählen. Von seiner Mutter und ihrer versteckten Schublade, von der Grundschule, vom Pudel im Henna-Bad, vom Goldfisch in Ellys Büstenhalter ...
Material für eine weiße Bücherei.

3. LEKTION

Wählen

Einleitende Theorie

Wählen ist Leben: Einflüsse stürzen auf dich ein, du beeinflußt, du wirst bestimmt, du bestimmst. Leben ist ein ständiger Wahlvorgang. Das gilt selbst für körperliche Funktionen wie Atmen und Essen: Du gebrauchst, was du brauchst, den Rest atmest oder scheidest du aus.
Wählen hat etwas sehr Aggressives: Was auch immer ich aufnehme, „die Form", in der ich etwas an mich heranlasse, wird durch mich bestimmt. Meist verändere ich die Dinge, die ich zu mir nehme, bis sie zu mir passen. Erst rieche ich am Apfel, dann „wähle" ich. Meine „Wahl" hat zur Folge, daß der Apfel unkenntlich wird und geschluckt werden kann. In Magen und Darm wird er weiter zersetzt. Aber das Wählen geht weiter. Elemente werden angenommen, andere Elemente werden ausgestoßen. Das gilt genauso für andere Prozesse des Lebens. Zum Beispiel das „Lernen" oder „Lesen". Erst nachdem ich Gedanken als zu mir gehörend erkannt habe, nehme ich sie auf, und ich schlucke sie erst herunter, wenn ich sie kauend im eigentlichen Sinn vernichtet habe, indem ich sie in meine eigenen Worte „übersetzt" habe.
Darum ist es nicht möglich, „jemanden" zu wählen. „Ich erwähle dich" ist ein destruktiver Vorgang. Denn dazu muß die Person auseinandergenommen und zu einem Stück von dir gemacht werden. Das wird auch immer wieder versucht...
Was dagegen wohl möglich ist: Ich entscheide mich für dich. Ich würde es gerne mit dir wagen und mich einsetzen, um etwas daraus zu machen. Und ich hoffe, daß du das auch willst.
Wählen heißt: dafür sorgen, daß die Dinge zu dir gelangen, die zu dir gehören, und daß die Dinge, die nicht zu dir gehören, nicht an

dich herankommen. Nicht zu wählen und doch aufzunehmen verursacht Aufruhr im Körper: Kopfschmerzen, Magengeschwüre, Herzinfarkt, Übelkeit, Durchfall. Jeden Augenblick treffen wir also eine Wahl: Wie wir uns bewegen, welche Haltung wir uns geben, wohin wir sehen und wohin nicht, wann wir uns die nächste Tasse Kaffee genehmigen, wieviel Zucker wir nehmen usw. Die meisten Entscheidungen fallen aber wie von selbst und sind uns kaum oder gar nicht bewußt.

Daß du immer vor eine Wahl gestellt bist, erfährst du erst so richtig, wenn der fließende Ablauf des Wählens einmal stockt. Dann halten wir inne, um darüber nachzudenken. Wir schalten unseren Verstand bewußter ein, denken kurz nach und machen dann weiter – der Fluß der Entscheidungen strömt wieder. Manchmal sitzen wir aber vollkommen fest. Ja. Nein. Ja. Nein. Wir kommen nicht heraus. Auch unser Denken hilft uns nicht weiter. Wir werden wirklich hin- und hergerissen.
Dann ist es wichtig, neben unserem Kopf auch unseren Körper einzuschalten. Vor allem, wenn es um wichtige Entscheidungen geht: Entscheidungen hinsichtlich des Studienfachs; ob wir eine Freundschaft fortsetzen sollen oder nicht; über einen wichtigen Kauf usw.

Warum ist es notwendig, unseren Körper einzuschalten? Unser Körper ist nichts Fremdes. Das sind wir selbst, fühlbar und konkret. Auch die geistigen Dinge in uns sind zugleich körperliche Realitäten; sie können körperlich überprüft werden. Was unser Körper sagt, ist verläßlich. Deinen Körper kannst du nicht mit Ausflüchten oder Argumenten betrügen. Vielleicht kommt es auch daher, daß wir gelernt haben, einfach nicht darauf zu hören. Denn diese Ehrlichkeit würde Zweifel aufkommen lassen können über den Weg, den wir gehen. Ich kann in meinem körperlichen Dasein (das zugleich mein geistiges Sein umfaßt) Erfahrungen sammeln, die ich mit Sicherheit als „gut" oder „nicht gut" einordnen kann. Damit kann ich wählend meinen Kurs bestimmen – also nicht mit allerlei Prinzipien oder Überzeugungen oder durch eine Offenbarung oder einem Befehl, sondern ich kann einfach mit meinen geistig-körperlichen Erfahrungen Dinge anerkennen oder verwerfen, ihnen einen Wertmaßstab anlegen. Eine genaue Route festlegen, an der ich mich orientieren will, quer durch das Chaos der Möglichkeiten.

Gut und Böse ist dann nicht mehr etwas, das außerhalb von oder über mir liegt. „Gut" und „Böse" weisen darauf hin, wie sich Teile der Welt zu meinem Dasein verhalten. Gut und Böse haben dann Bedeutung im Verhältnis zu meinem Wesen. Ich bestimme das mit. So wie ich jetzt bin.

Gut ist, was stimmt

Dieses Wählen von innen heraus geht davon aus, daß für einen Menschen „gut" ist, was ihm „eigen" ist. Der Organismus klagt dich an oder bestärkt dich von innen. Du kannst normalerweise fühlen, was mit deiner eigenen Person übereinstimmt und was nicht: nicht, ob es mit deinen Idealen übereinstimmt, sondern ob es zu deinen Eingeweiden paßt, zu deinem Atem, deiner innerlichen Freiheit oder Beklemmung, deinem Herzen, deiner Haut, deiner Ehrlichkeit, deiner Seele ... zu der Summe deiner Lebensverhältnisse.
Je nachdem, was gerade „in" ist, denken Menschen oft, daß sie einfach alles können müssen. Dafür entscheiden sie sich dann angeblich: „Du mußt für jeden offen sein, mit deinem Haus, mit deiner Zeit, wann immer jemand etwas von dir möchte. Du mußt immer ans Telefon gehen. Du mußt – außer mit deinem Partner – noch andere sexuelle Kontakte haben, um nicht zu vertrocknen." Sie meinen, alles müsse möglich sein – wie in einem Zwang –, einem Glauben, einer Ideologie oder einer Mode folgend. Ob der Zwang nun aus der progressiven oder aus der konservativen Ecke kommt, macht keinen Unterschied. Linker Zwang und rechter Zwang sind gleichermaßen Zwang. Diesem mit einem eigenen Standpunkt und mit eigenen Grenzen gegenüberzustehen ... dazu gehört Mut.

Gut ist, was jetzt zu mir gehört

Gut ist, was ich jetzt, unter diesen Umständen wähle, so wie ich jetzt bin, ohne mir Gewalt antun zu müssen. Das gilt nicht unbedingt für die Dinge, die ich für dringend nötig halte oder wichtig oder nützlich. Oder wozu ich mich aus meiner gesellschaftlichen Funktion heraus entscheide, aus meiner Stellung oder Idealen, in die ich mich erst gefügt habe, um dann zu behaupten, daß die Konsequenz dieser Kapitulation genau das ist, was ich jetzt will. Denn Wollen ist etwas, das damit übereinstimmt, was ich in dieser Situation bin, und nicht, wie ich in dieser Situation sein sollte. Wollen ist: Einvernehmen mit der Situation suchen, aber dabei mein eigenes Maß und meine Möglichkeiten nicht überschreiten. Mir keine Gewalt antun. Wollen ist nicht: mein eigener Sklaventreiber sein. Gut ist also dasjenige, bei dem ich mich gut fühle. Nicht nur im Magen oder im Portemonnaie, sondern ganz und gar; ein angenehmes Gefühl im Bauch sagt auch nicht alles. Wenn ich nur diesem Signal folgen würde, würde ich laufend Dinge tun, die ich nicht will. Wirkliches Wollen umfaßt sowohl unseren körperlichen Organismus als auch unseren Verstand, unser Gefühl und unsere Phantasie. Nur so kann meine ganze Situation in den Schritt mit einbezogen werden, den ich gerade tun will.

Lebende Wesen neigen zu dem, was gut für sie ist

Lebende Wesen wenden sich dem zu, was gut für sie ist, und wenden sich ab von dem, was bedrohlich oder schädlich für sie ist. Weil wir diese Neigung in unserem Leben erfahren können, wenn wir darauf achten, können wir zu Recht von der „Weisheit des Körpers" sprechen. Schranken in uns selbst, Verteidigungsgürtel, die wir in uns aufbauen oder aufgebaut haben (zum Beispiel: blinde Flecken, Störungen im Blutkreislauf, Schuppen vor den Augen, black-outs, „Bohnen" in den Ohren, kluge Redeströme, die Emotionen verbergen usw.), müssen also erst einmal nicht als etwas Negatives gesehen werden, sondern als die „Weisheit des Körpers", die die verletzlichsten und wertvollsten Gebiete unseres Lebens zu schützen versuchen.

Unterdrückung und Selbstregulierung

Nun ist es aber so, daß es häufig nützlich oder nötig ist, diese spontane Selbstregulierung zu unterdrücken und anderen Regeln zu folgen, z. B. im Straßenverkehr oder in einem Examen. Aber so, wie unser Zusammenleben eingerichtet ist, sind die notwendigen Zwänge manchmal in der Überzahl. Diese Zwänge beginnen, unsere Energie und Lebensfreude zu fressen, und sie bewirken, daß wir die meiste Zeit in Feindschaft mit uns selbst leben: ein beschleunigter Abnutzungsprozeß.

Wahlübung

Vorweg

Diese Übung – wie alle Übungen in diesem Buch – ist nicht für Menschen gedacht, die die gleichen ausgetretenen Pfade in der gleichen Richtung weitergehen, sondern für Menschen, die auf Entdeckungsreise gehen wollen. Das beinhaltet das Risiko, daß sich manches verändert, weil wir entdecken, daß manche Dinge nicht so sind, wie wir dachten.
Wählen ist keine einfache Sache, denn wer wählt, muß eine andere Sache aufgeben. Aber: „Ich bin noch nicht so weit, mich zu entscheiden", ist auch eine gute Wahl.

■ *Erster Schritt:* Der Wahlgegenstand

Den Gegenstand der Wahl bestimmen, das, worüber du im Zweifel bist: „Soll ich, soll ich nicht?" „Soll ich dies oder soll ich das?" Stell klar heraus, worum es bei der Wahl eigentlich geht.
Manchmal steht eine ganze Reihe von Dingen zur Wahl an. Dann mußt du das Wichtigste zuerst entscheiden. Zum Beispiel: „Fahre ich in den Ferien nach Schweden oder nach Schottland? Mit meinem Freund Johann oder allein? Im Juni oder im August? Mit dem Flugzeug oder mit dem Schiff?" Die schwierigste und wichtigste Frage ist vielleicht: „Mit meinem Freund Johann oder allein?" Sobald ich darüber entschieden habe, folgt das übrige eigentlich von selbst.

■ *Zweiter Schritt:* Unentschlossen zwischen zwei Heuhaufen sitzen, ohne einen Beschluß zu fassen

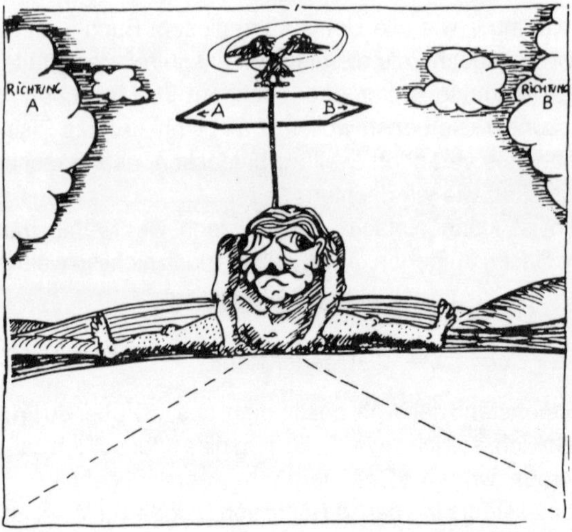

Nimm dir einen „Assistenten" und erzähl ihm/ihr ausführlich, worin Möglichkeit eins und worin Möglichkeit zwei besteht. Erzähle getrennt, ohne die beiden Möglichkeiten durcheinander zu bringen, so daß es ganz deutlich wird, zwischen welchen zwei Dingen gewählt werden muß. Es müssen auch wirklich zwei „mögliche" Dinge sein.

Der Assistent hat die Aufgabe, dafür zu sorgen, daß zwei klare Pläne ausgearbeitet werden: Plan A und Plan B, die beide eigenständig sind und bei denen Plan B nicht einfach die Verneinung von Plan A ist. Zum Beispiel: „Soll ich allein in Ferien fahren und das Beste daraus machen?" Oder: „Soll ich mit meinem Freund Johann in Ferien fahren und daraus das Beste machen?" Nicht zwischen zwei trübsinnigen Ideen entscheiden wollen wie: „Soll ich allein in Ferien fahren und dabei versauern?" oder: „Soll ich mit Johann, von dem ich loskommen möchte und der sich an mich klammert, in Urlaub fahren?"

Denn: Wählen bedeutet, Energie einzusetzen für ein bestimmtes Ziel. Es heißt aktiv: Schritte machen. In welche Richtung werde ich meine Schritte lenken? Hierhin oder dorthin?

■ *Dritter Schritt*: Prüfung von Plan A

Nimm Plan A, setz dich hin oder bleib stehen und konzentriere dich auf deinen Körper, vor allem auf die Basis, die deinen Körper trägt (Fußsohlen oder Sitzfläche), während du in deiner Phantasie ganz den Plan A verfolgst, *als ob die Wahl unwiderruflich in diese Richtung gefallen wäre*. Sage dir laut vor, welche Konsequenzen diese Wahl für dich hat. Welche Vor- und Nachteile auf verschiedenen Gebieten sie mit sich bringt und wie sich die Situation dann für dich darstellt. Nimm dir Zeit nachzuempfinden, welche Gefühle du dabei hast. Achte in aller Ruhe darauf, was dein Körper dazu sagt. Nicht mit dem Gedanken: „Jetzt muß ich aber etwas fühlen" oder „Welche Gefühle erwartet man jetzt wohl von mir?" Versuche, während du dir einbildest, daß du endgültig Plan A gewählt hast, gewissermaßen beiläufig darauf zu achten, welche Haltung du jetzt annimmst und ob sich etwas tut in deinen Fußsohlen, wenn du vor dieser Wahl „stehst", oder in deinem Gesäß, wenn du nun mit dieser Wahl „dasitzt".
Wir sind meistens nicht gewöhnt darauf zu achten, was unser Körper mitteilt. Deshalb ist dies eine Übung der geduldigen Aufmerksamkeit. Indem er laut alle Seiten von Plan A beleuchtet, kann der Assistent helfen, daß du dich sorgfältig damit beschäftigst, ohne hin und her zu schwanken von A nach B und wieder zurück.

■ *Vierter Schritt:* Prüfung von Plan B

Gehe vor wie bei dem dritten Schritt, aber nun mit Plan B.

■ *Fünfter Schritt:* Vergleiche die Ergebnisse von Plan A und Plan B miteinander

Vergleiche, welche Botschaften dir dein Körper im Blick auf die beiden Möglichkeiten signalisiert hat. So kannst du dich aufmerksam beobachtend auf beide Möglichkeiten einlassen. Wenn du dich für jede der beiden Wahlmöglichkeiten auf einen anderen Stuhl setzt, so wirst du spüren, daß dir dein Hintern anzeigt, wo du am besten „sitzt", und daß deine Füße vielleicht von dem Ort wegstreben, dessen Wahl nicht zu dir paßt. Sobald du das merkst, nimm Abstand (etwa 5 Meter) von den Stühlen, gehe ohne zu zögern und aufrecht zu der Stelle, an der du dich in diesem Augenblick am wohlsten fühlst; möglicherweise ist das der Stuhl, der für den erwählten „Plan" steht. Stimmt diese Wahl aber nicht ganz mit deinem Gefühl überein, dann geh näher an den Stuhl heran, der dir jetzt das Gefühl gibt, dorthin zu gehören. Sage dann dem Assistenten, wie deine Wahl ausgefallen ist. (Möglicherweise kann der Plan A oder B, den du jetzt wählst, durch diese Übung und durch diese Entscheidung von dir klarer formuliert werden.)

■ *Sechster Schritt:* Zwei Bilder

Bitte deinen Assistenten und andere, die eventuell dabei waren, zu schildern was sie „äußerlich" an dir wahrgenommen haben im Verlauf der verschiedenen Schritte dieser Übung.

Es sollen keine Erklärungen sein, sondern gewissermaßen photographische Aufnahmen von dir zur Zeit von Plan A und von Plan B.

■ *Siebter Schritt:* Abstraktions-Übung

Tausche deine Erfahrungen mit anderen aus, die auch diese Wahl-Übung gemacht haben und vergleiche, worin die Wahlprozesse übereinstimmen.

■ *Achter Schritt:* Die Ausführung (später zuhause)

Wählen setzt sich zusammen aus zwei Abschnitten:
1. der Richtung, die du orientierend bestimmst
(in dieser Übung die Schritte 1 bis 6; z. B.: Norwegen als Urlaubsziel);
2. die vorbereitenden Schritte, die du machst und bereits gemacht hast auf das gewählte Ziel hin
(z. B.: Ich habe bereits Informationen über eine Reise nach Norwegen eingeholt und Urlaubsgeld gespart. Morgen werde ich einen Platz auf dem Schiff nach Bergen buchen und anzahlen. Ich kaufe mir eine gute Landkarte von Norwegen).
Ist die Wahl gut gewesen, dann ergibt sich die Ausführung aus der gewählten Richtung.
Wenn es sich um eine wichtige oder schwierige Entscheidung handelt, kann es uns helfen, wenn wir die Schritte sorgfältig aufschreiben.

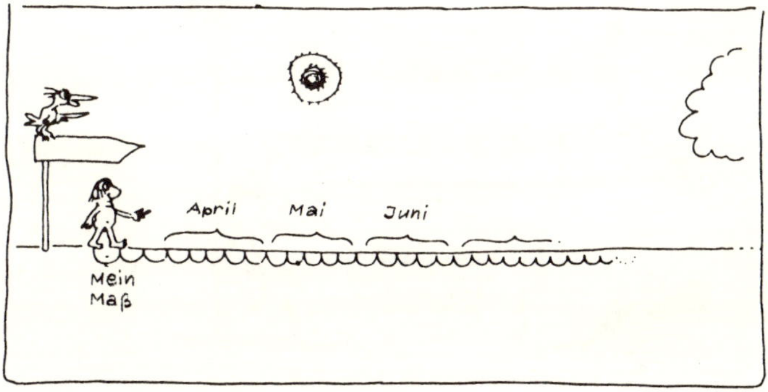

Beispiel einer ausgearbeiteten Wahlübung

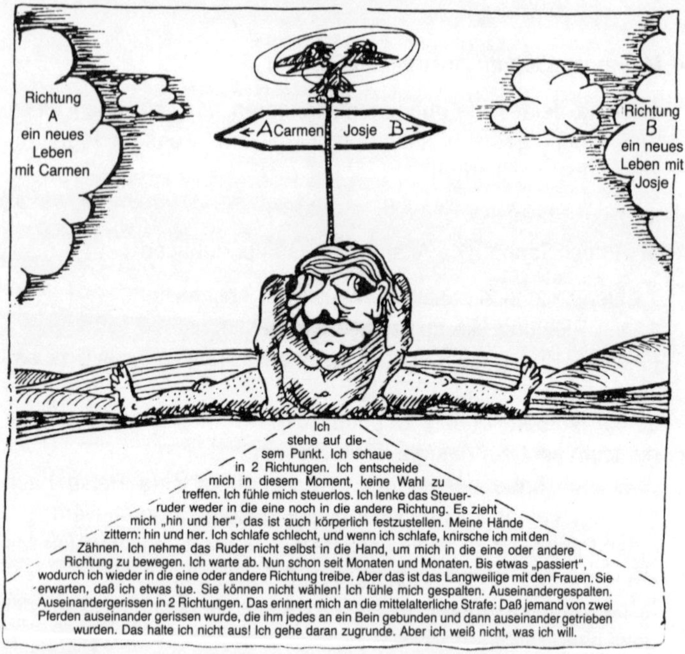

Eine Richtung prüfen, als ob es die einzige wäre – ohne einen Schritt zu tun, also nur in meiner Phantasie...

Die andere Richtung prüfen, als ob es die einzige wäre.

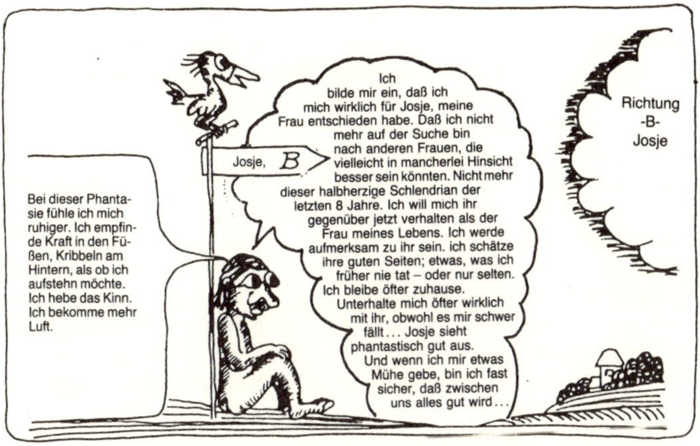

Wählen – Schritte in der erwünschten Richtung

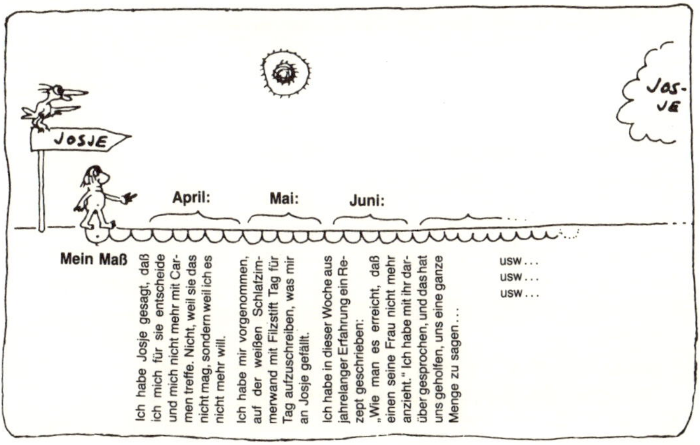

Manchmal gibt es keine zwei Stühle

Ich fahre in der Straßenbahn (Linie 16) zur Zentral-Station und grübele über heute abend. Ja, nein, ja, nein, ja, nein. Was soll ich tun?
Ich denke mir die eine der beiden Möglichkeiten. Mit der Hand halte ich mich am schaukelnden Griff im Gleichgewicht. Ich beobachte, wie ich dastehe, wenn ich mich in meiner Phantasie für Plan A entscheide. Die Füße, den Rücken, den Atem, meinen Bauch...
Bei Plan B hebe ich den anderen Arm, um mich am Haltegriff festzuhalten, und konzentriere wieder alle Aufmerksamkeit auf das Geschehen in meinem Körper.
Ich sehe mich in der Straßenbahn um, und was sehe ich? (Ich habe nicht gewußt, daß meine Arbeits-Modelle schon so allgemein bekannt sind in Amsterdam.) Daß alle stehenden Fahrgäste abwechselnd mit dem einen und dann mit dem anderen Arm hoch an dem Haltegriff hängen, genau so wie ich, während sie inzwischen abwesend vor sich hin schauen und über die verschiedenen Alternativen nachdenken...
So kam es, daß ich überhaupt nicht auffiel.

Theoretische Nachüberlegungen

1. Wählen heißt: die Richtung bestimmen

Wählen bedeutet: die Richtung bestimmen nach ausführlichem Abwägen der Vor- und Nachteile, die damit verbunden sind, und des Energieeinsatzes, der dafür erforderlich ist.

Beispiel: Richtung A:	*oder Richtung B:*
„Soll ich im Schuldienst bleiben?“ Mit all seinen Vor- und Nachteilen?	„Soll ich Tierarzt werden?“ Mit allen Vor- und Nachteilen?
Nachteile: – wenig Freude an der Arbeit; – nicht ganz die Richtung, die ich eigentlich gewollt habe.	*Nachteile:* – Neue Ausbildung; – sozialer Aufstieg; – meine Frau hat mag's nicht..
Vorteile: – Gutes Gehalt; – sichere Pension; – lange Ferien; – zwei nette Kollegen.	*Vorteile:* *– Ich liebe Tiere;* *– freier Beruf;* *–ländliche Gegenden reizen mich.*
Energieaufwand: Was schaffe ich jetzt, so wie ich jetzt bin?	*Energieaufwand:* Was schaffe ich jetzt, so wie ich jetzt bin?

2. Sich entscheiden, nicht zu wählen

Die Wahl zu treffen, nicht zu wählen ist sicher bei wichtigen Fragen auf die Dauer eine unerträgliche Belastung. Wenn du dir dessen bewußt wirst, worum es wirklich geht, dann kannst du nicht anders: dann mußt du wählen. Sich entscheiden und sich trotzdem der Alternativen bewußt sein ist ein unerträglicher Zustand, gegen den sich alles in uns auflehnt.

3. Man kann sich auch für Dinge entscheiden, die man eigentlich nicht tun möchte

Weil du dir beispielsweise das, was du eigentlich möchtest, nicht zutraust, und weil Nicht-Wählen unerträglich ist, wenn man sich der Situation bewußt ist. Dieses Sich-nicht-Zutrauen ist nicht etwas Böses, es deutet nur die Beschränkung des Menschen an: dein Maß.

Ein Beispiel: Theo und Lea sind nicht glücklich miteinander, und doch sind sie verheiratet. Sie entscheiden sich, trotz allem zusammen zu bleiben: Die Kinder sind noch klein, zwei, sechs und acht Jahre alt; man wird kaum die richtige Wohnung finden, wenn man auseinander geht; sie haben eine hohe Hypothek und Anleihen bei der Verwandtschaft; „Was werden die Leute sagen?" ...

Vielleicht denken wir nun: „Feige. Sie trauen sich nicht, ein Risiko auf sich zu nehmen, um glücklich zu sein. Sie vergeuden ihr Leben..."

Wir können aber auch denken: „Diese Leute unternehmen keine Schritte, denen sie im Augenblick nicht gewachsen sind. Das sind Realisten. Alle Achtung!"

4. Das Gedächtnis als unbewußte Wahlbeeinflussung

Man behält nur einen kleinen Teil dessen, was man in Büchern liest. Von Gesprächen, die man führt. Von dem, was man erlebt. Die meisten Dinge hat man nach kurzer Zeit schon wieder vergessen. Das, was mich näher angeht, das bleibt hängen.

– „Ja, aber ich behalte nur unheimliche Sachen!"

– „Vielleicht schafft es dir gar Vorteile, wenn du nur die unheimlichen Dinge behältst?"

– „Vielleicht komme ich mir wohl sehr interessant vor mit all meinen Ängsten. Niemand leidet unter so vielen Ängsten wie ich.

Jedenfalls bekomme ich auf diese Weise viel Zuwendung von anderen..., wenn auch nicht ganz die Zuwendung, die ich mir tatsächlich wünsche."
Die Dinge, die hängen bleiben – die gehen dich etwas an. Manchmal sind es Dinge, die deinen Bedürfnissen entgegenkommen. Manchmal sind es Dinge, gegen die du ankämpfst. Wogegen du kämpfst, daran hängst du fest. Du machst, was du bekämpfst. Der Heilige Antonius ging in die Wüste, um der Welt, dem Reichtum und der Sinneslust zu widerstehen. Durch diesen Widerstand, durch diese negative Beachtung bevölkerte er die Wüste, in die er sich zurückgezogen hatte, mit Visionen der Macht, mit Orgien der Fleischeslust, mit den verlockenden Begierden nach Luxus und Reichtum... Dali hat darin geschwelgt, all dies zu malen.

5. Wählen ist manchmal schmerzlich

Wir schieben Entscheidungen aus diesem Grund manchmal sehr lange vor uns her. Denn wenn wir eine Wahl treffen, entschließen wir uns damit, einen anderen Plan abzulehnen, und tun vielleicht Menschen, die uns lieb sind, weh, selbst wenn wir unsere Wahl positiv formulieren. Zum Beispiel:
– Ich entscheide mich, E. und J. nicht mehr zu meinem Geburtstag einzuladen. (Positive Formulierung: „...die Menschen einzuladen, die ich mag.")
– Ich entscheide mich, nicht mit Freundin C. in Urlaub zu fahren. (Positive Formulierung: „...mit Freund B. in Urlaub zu fahren.")
– Ich entscheide mich umzuziehen: fort aus einem liebgewordenen Haus. (Positive Formulierung: „...in ein anderes Haus zu ziehen, das jetzt besser zu uns paßt.")
– Ich entscheide mich, den Kindern die erbetene Anleihe nicht zu geben. (Positive Formulierung: „...mit meinem Geld das zu tun, was ich mit meinem Geld tun will.")

6. Das Wählen-von-innen-her gehört sich für manche Menschen nicht

In manchen Lebenskreisen ist es tabu, den Körper bei der Wahl mitreden zu lassen. Denn dazu muß man Dinge anzweifeln können und sich auf den „heißen Stuhl" setzen. Die wichtigsten

Entscheidungen sind in vielen Lebensumständen bereits für dich getroffen worden. Es ist weitgehend festgelegt, was gut ist und was nicht, was erlaubt ist und was nicht.
Meine Mutter sagte immer: „Man muß es nehmen, wie es kommt. Man hat seine Grundsätze oder man hat sie nicht." Mit Grundsätzen meinte sie: „Durch Kirche, Tradition, Erziehung und Staat weiß man, was Pflicht ist, und was nicht erlaubt ist. Halte dich an diese Richtlinien, und du kommst nicht in Schwierigkeiten."

Ein schwieriger Patient

Im Krankenhaus wurde er zu mir ins Zimmer gelegt. (Mein voriger Zimmergenosse war auf die chirurgische Abteilung verlegt worden zu einer Operation.) Ein mager-aber-zäher Amsterdamer mit klaren Seemannsaugen.
Er sagte nicht viel, und seine Antworten begnügten sich meistens mit einer Art Gebrumm. Später sagte mir seine Frau, daß er mich ganz gerne hatte, weil ich ihm nicht „ständig etwas vorleierte".
Als Bettnachbar bekam ich seine persönlichen Angaben mit.
„Alter?"
„Achtundsechzig."
„Schon mal früher beim Arzt gewesen?"
„Ja."
„Wann?"
„Neunzehn- dreißig, als ich von einem Vordach heruntergefallen war. Aber es war mir nichts Schlimmes passiert."
„Mal krank gewesen?"
„Nein. Mal irgendwie erkältet, aber das ist schon wieder so lange her."
„Rauchen Sie?"
„Ja."
„Wieviel?"
„Zwei Päckchen am Tag..."
Gleichgewichtsstörungen und ein gestörter Wasserhaushalt (ständiger Durst, der sich durch Trinken nicht löschen ließ, und zwanzig Liter Urin am Tag wiesen hin auf den Hormonhaushalt und auf einen kleinen Tumor im Gehirn. „Und das", sagte der Professor, „könnte ganz gut eine Metastase eines Krebsherdes in den Lungen sein."
„Heute nachmittag müssen wir eine Röntgenaufnahme der Lungen machen, um das herauszufinden."

„Das gibt's nicht, das wird nicht gemacht", sagte der Patient.
„Wieso?"
„Nein. Die Aufnahmen werden nicht gemacht."
Der Professor schaute sich unruhig um, und als er alle vier Ecken der Zimmerdecke betrachtet hatte, blieb ihm der Mund halb offen stehen.
„Dann kann ich aber doch gar nicht wissen, ob es daran liegt..."
„Dann wissen Sie das eben nicht."
Wieder war es still. Die Stationsschwester und der Oberarzt, die den Professor wie Ministranten auf seinem Rundgang begleiteten, traten ehrfürchtig einen Schritt zurück. Der Professor versuchte kurz, die Sache aufzubauschen: „Sie weigern sich also, sich behandeln zu lassen?"
„Nein. Wenn Sie mir etwas geben können, um meinen lästigen Wasserhaushalt wieder ein bißchen ins Gleichgewicht zu bringen, dann möchte ich das. Und dann will ich wieder nach Hause."
„Aber guter Mann, eine Röntgenaufnahme ist doch kein Grund zur Aufregung!"
„Weiß ich. Aber ich bin doch kein Karnickel, das Sie sich zur Verfügung halten können, um es hin und wieder aus seinem Stall zu holen und daran etwas auszuprobieren."
Der Professor zog ab. Mit hochgezogenen Schultern, mit rot angelaufenem, bösen Gesicht. Sein weißgewandetes Gefolge zog hinter ihm her. Auf dem Flur tuschelte er eine ganze Weile mit der Ehefrau des Patienten-Delinquenten:
„Können Sie ihm nicht klarmachen, daß es schrecklich dumm ist, um so..."
„Herr Professor", sagte sie, „er ist nicht dumm. Aber wenn er ‚nein' sagt, dann sagt er ‚nein'."
Als ihr Mann wieder für eine Weile zur Toilette gegangen war, setzte sie sich zu mir:
„Sie behaupten, daß es furchtbar dumm von ihm sei. Aber er ist nicht dumm. Ich muß es schließlich wissen. Ich kenne ihn jetzt vierzig Jahre lang. Er hat seinen Willen. Den hat er immer gehabt. Er wird sich den Ärzten nicht ausliefern. Aber von welchem Punkt an beginnt man nachzugeben? Bei den Aufnahmen? Bei den Bestrahlungen? Das kann niemand vorher sagen. Das muß er für sich selbst entscheiden. Und", flüsterte sie, „das geht dem Professor gegen den Strich, das ist er nicht gewöhnt. Mein Mann ist der Ansicht, daß sein Leben ihm selbst gehört. Auch wenn er krank ist."
Die Wasserspülung der Toilette rauschte. Sie ging ihm entgegen. Arm in Arm kamen sie zurück ins Zimmer.

4. LEKTION

Umgang mit Normen

Einleitende Theorie

Norm: Regel, Richtschnur; Zustand, der für bestimmte Menschen oder Dinge der übliche ist oder nach dem sie sich richten können oder müssen.
Eine Norm beginnt häufig mit: „Du sollst" oder „Du darfst nicht" oder „Du darfst" oder „Unsereiner..." oder „Bei uns wird... oder wird nicht..."
Sehr oft findet man Normen in Form von Sprichwörtern oder Redensarten, die in dem Milieu üblich sind, für die die Norm gilt. Beispiele: „Wer sich vordrängt, bekommt nichts." „Erst die Arbeit, dann das Spiel." „Wenn du dich normal benimmst, bist du schon verrückt genug." „Unsereiner fängt keinen Krach an." „Beherrsch dich" (zeige keine Gefühle)! „Aus einem Bettelmann wird nie ein Edelmann." „Ein Mädchen muß immer freundlich sein und immer bereit stehen, für andere zu sorgen."

Manchmal wird die Norm nicht mit Worten ausgedrückt, sondern in einer Verhaltensweise, die dann „Regel" ist.
Beispiel: „Mutter sorgt für das Essen und Vater für den Schnaps." „Am Sonntag geht jedermann zur Kirche." „Eltern ziehen sich niemals vor den Kindern aus." „Die ‚Männer' kochen nicht, aber helfen wohl beim Abwasch."

Die Norm-Übung

■ *Erster Schritt:* Die Ausgangsposition entwerfen

a) Zeichne dich selbst, durchkreuzt von vier Einflußbereichen, die für dich gültig sind, z. B.: Beruf, Familie, Kirche, Frauen, Schule, Bürgertum, Dialekt...
b) Schreibe hintereinander in die vier Fächer (Einflußbereiche) einige Normen und Lebensregeln, die dort vorherrschen. Stimmen

von dort und damals, die du hier und jetzt noch weißt oder hörst. Stimmen, die entschieden sagen, was sich gehört, was normal ist, wie du dich verhalten mußt im Blick auf Geld, Sex, Lernen, Arbeiten, Männer, Körper, Genießen, Autoritäten usw.

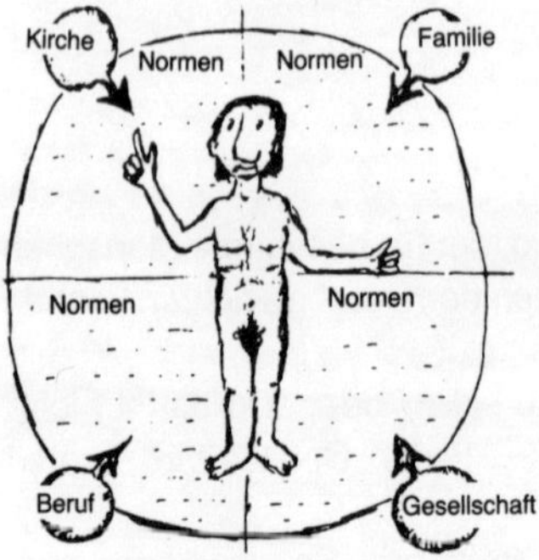

Beispiel:

■ *Zweiter Schritt:* Thematisieren (Gruppenübung)

Nimm nacheinander einige allgemeine Themen, (z. B. „Geld“, „Arbeiten“, „Lernen“, „Frauen“, „Männer“, „Genießen“ ...) und schreibe für jedes einzelne die Normen und Regeln, die von vier verschiedenen Einflußsphären her dafür gelten.

Thema: „Geld“

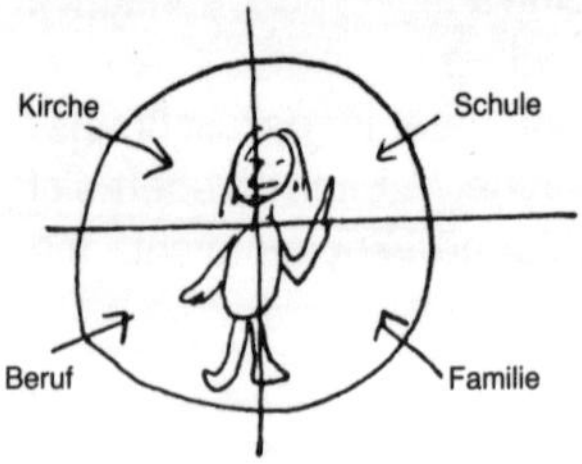

Thema: „Arbeiten“

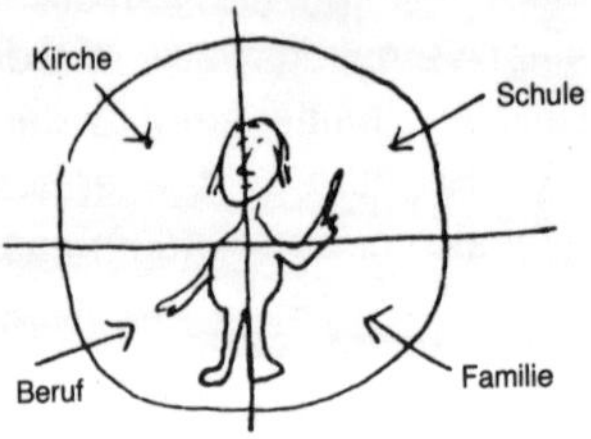

Thema: „Lernen“

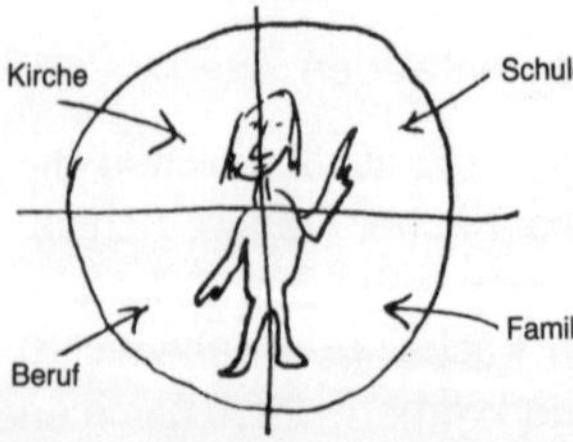

Thema: „Genießen“

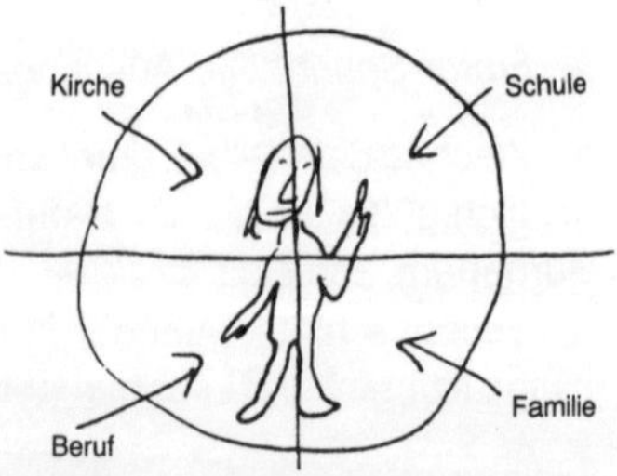

Theoretische Überlegungen zwischen dem zweiten und dritten Schritt

Daß man durch die Normen seiner Umwelt beeinflußt wird, ist eine Tatsache, die man nicht verhindern kann (beachte die vorigen Lektionen). Der bestimmende Einfluß zeigt sich in deinem Denken, Fühlen, Verhalten, an deinem Körper und deinen Beziehungen usw. Es sind die Normen von Kirche, Eltern, Werbung, Mode, Schule ... Aber du kannst auf verschiedene Arten damit umgehen. Was du damit machst, ist etwas, das du selbst tust.

1. Du kannst *„ja" sagen zu der Norm* und dich ihr unterwerfen: Ja sagen zu bestehenden Normen, dich anpassen ist notwendig zum Überleben. Besonders im Anfang, wenn du noch gar nichts zu melden hast. Dann hast du keine Wahl. Du mußt alles schlucken – ohne Auswahl, ganz egal was dir aufgetischt wird.
Ziemlich einfach: die Verantwortung liegt dann bei den anderen. Sie müssen dafür sorgen, daß alles gutgeht ... Wunderbar, für eine Weile zumindest.
Manchmal möchten wir sogar, daß es so bliebe: nicht erwachsen werden; keine Verantwortung antreten. Dann kann man auch niemandem auf die Zehen treten. Nicht selbständig werden. Wir

reden vielleicht eine ganze Menge, aber [eigentlich] haben wir nichts zu sagen oder zu melden. Wir spiegeln dann nur die Normen, die um uns herum gelten. Der Tugendbold. Das Schaf in der Herde.
Indem wir nur „ja“ sagen zu der Welt, die andere schaffen, sagen wir „nein“ zu unserer eigenen Welt, die sich aus uns heraus entfalten möchte, „nein“ zu den eigenen Gefühlen und Bedürfnissen, zu den Signalen, die unser Körper aussendet, um Bedürfnisse und Proteste anzumelden.
Du stehst durch diese Art des ja-Sagens nicht mehr auf deiner eigenen Seite, sondern auf der Seite der „anderen“. Gewisse christliche Karikaturen versuchen den Menschen dahin zu bringen: „Du bist nicht fähig, selber zu wissen, was gut für dich ist. Andere werden dir sagen, was gut oder nicht gut ist. Glaube nicht an dich selbst, denn du bist nichts wert. Glaube an Gott, an Papa, an Mama, den Priester, den Papst, die Schule, die Bibel, die Partei ...“

2. Du kannst auch systematisch *„nein“ sagen* aus Widerstand: nichts schlucken; dich querstellen und damit die anderen bis aufs Blut reizen – programmiert durch das „Nein“. Dadurch machst du dir selbst und denen, die mit dir leben müssen, das Leben sicher nicht einfacher. Aber es putscht dich auf. Es gibt dir die Illusion, daß du jemand bist. Daß du alles erreichen kannst – zwangsmäßig.

3. *Drumherum reden* ist auch eine Möglichkeit (verstecktes *„nein“ sagen*)

Als Kind haben wir kaum die Möglichkeit, uns gegen die Anforderungen, die die Umwelt an uns stellt, zu wehren. Denn die Umwelt heißt: „Papa“, „Fräulein“ oder „Herr Lehrer“, „Meister“, „Chef“: Sie haben Macht über unsere Seele; wir sollten uns lieber gut mit ihnen stellen. Da können wir uns noch eher zum Feind unserer eigenen Gefühle und Bedürfnisse machen. Denn die Außenwelt stuft uns als gut oder nicht gut ein. Sie gibt uns Wärme oder auch nicht, Schutz oder keinen Schutz. Wir sind ihre Leibeigenen. Was macht man dann als Kind? Offener Widerstand hat wenig Sinn. „Sie“ sind so stark. Aber untertauchen kann man, entschlüpfen, lügen, Masken anlegen, drumherumreden, Fragen stellen, statt selbst eine Meinung zu äußern: Ja, Papa. Ja, Mama; und gleichzeitig in Tagträumen schwelgen, wie herrlich es sein könnte, wenn man ohne Gott und Gebot leben und alle verbotenen Dinge tun könnte...

4. Du kannst auch *wählen*: mal „ja" sagen, mal „nein" sagen, mal drumherumreden

Dazu brauchst du allerdings die Ohren, um zu erfahren, welche Möglichkeiten es überhaupt gibt, um Informationen aufzunehmen; eine Nase zur Kontrolle beim „Haupteingang"; Zähne zum Zerkauen und Zerbeißen; Eingeweide, um aufzunehmen, was dein Körper gebrauchen kann, und um auszuscheiden, was überschüssiger Ballast ist. Dies alles gilt nicht nur für unser leibliches Wohl, sondern auch für Beziehungen, Studium, Umgang mit Gefühlen...
Nach dem Prozeß des Versuchens, Auswählens und Assimilierens bleibt kein kleinbürgerlicher Mief mehr, keine Kirche, keine Kurse, kein Marx, kein Spock. Nur noch du selbst giltst mit allem, was du bist...

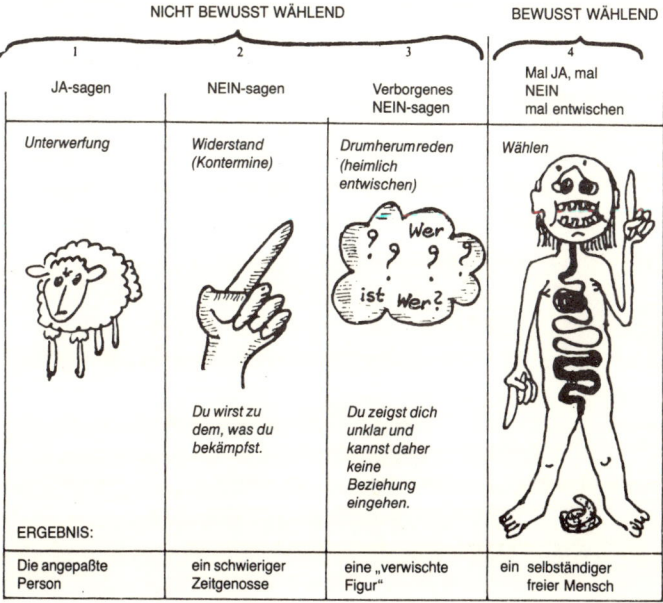

NICHT BEWUSST WÄHLEND			BEWUSST WÄHLEND
1	2	3	4
JA-sagen	NEIN-sagen	Verborgenes NEIN-sagen	Mal JA, mal NEIN mal entwischen
Unterwerfung 	*Widerstand (Kontermine)*  *Du wirst zu dem, was du bekämpfst.*	*Drumherumreden (heimlich entwischen)*  *Du zeigst dich unklar und kannst daher keine Beziehung eingehen.*	*Wählen* 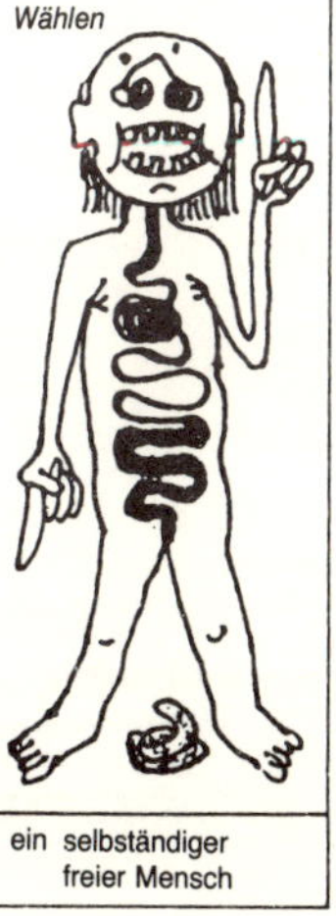
ERGEBNIS:			
Die angepaßte Person	ein schwieriger Zeitgenosse	eine „verwischte Figur"	ein selbständiger freier Mensch

■ *Dritter Schritt:* Übung zu Bestimmtwerden und Freiheit (Erläuterungen auf der nächsten Seite)

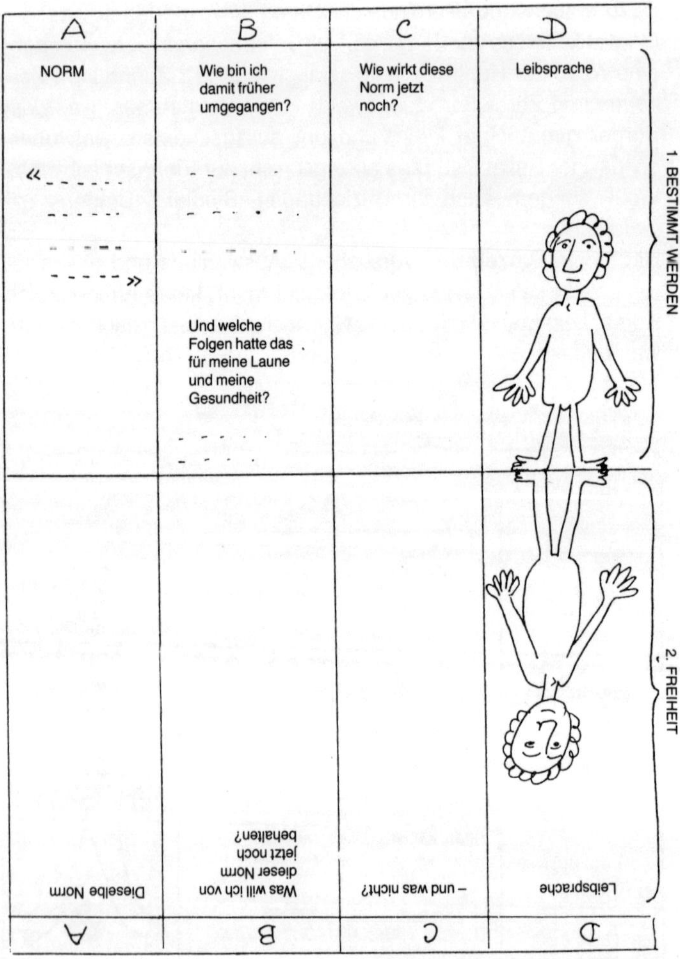

Erläuterung zum vorstehenden Übungsschema

Fülle nacheinander aus: 1 A, 1 B, 1 C, 1 D
danach: 2 A, 2 B, 2 C, 2 D.

1 A Schreibe hier nur eine Norm aus einer der Einflußssphären auf. Wähle eine Norm, die irgendwie deine Neugier anstachelt und die du näher untersuchen möchtest. Eine Norm, die dir etwas bedeutet.
(Wird diese Aufgabe in einer Gruppe gemacht, dann kann zu demselben Thema jeder eine eigene Norm für die Übung wählen, beispielsweise zu „arbeiten", zu „Geld" oder zu „Aggression".

1 B Trage ein, wie du in der *Vergangenheit* mit dieser Norm umgegangen bist:
1. unterwürfig = *ja* sagend;
2. aufmüpfig = *nein* sagend;
3. ausweichend = versteckt *nein* sagend
4. bewußt entscheidend, teilweise 1, 2 oder 3.

1 C Welchen Einfluß hat diese Norm *jetzt* noch in deinem Leben? Das heißt: In welchen Handlungen, Gedanken, Prinzipien, Gefühlen und Situationen kannst du den Einfluß dieser Norm jetzt erkennen?

Beispiel: die Norm – „Wenn du dich normal benimmst, bist du schon verrückt genug."
Was bewirkt diese Norm heute noch bei dir?

Antwort: Ich möchte nicht auffallen, darum halte ich mich unter Menschen immer ein bißchen zurück. Ich erzähle auch nicht gerne, was ich mache oder womit ich mich gerade beschäftige, sonst halten mich die Leute vielleicht für einen Angeber oder Wichtigtuer.

1 D Schreibe in den Körper des Selbstbildnisses, was du dabei an einer bestimmten Stelle fühlst, wenn du auf diese Weise über die Norm nachdenkst.

2 A Stell das Blatt Papier auf den Kopf und fange außen rechts bei A an, indem du die gleiche Norm hinschreibst wie bei 1 A.

2 B Was möchte ich von dieser Norm beibehalten?
In dieser Norm steckt etwas Wertvolles, aber was? Sei so konkret wie möglich, nenne ein Beispiel.

2C Was will ich von dieser Norm nicht behalten? In dieser Norm steckt auch etwas, was ich nicht mehr will und also nicht tue... oder immer weniger tue oder tun will. Einfach weil ich es nicht mehr will. Was? Konkret, mit Beispiel!

2D Schreibe in den Körper des Selbstbildnisses, was du an welcher Stelle dabei fühlst. Achte darauf, wie dein Körper sich jetzt verhält.

■ *Vierter Schritt:* Miteinander teilen, was man entdeckt hat

Teile deine Erfahrungen bei dieser Übung mit den anderen, vergleicht und sucht Gemeinsamkeiten rund um dasselbe Thema.

Theorie im nachhinein zur Lektion „Umgang mit Normen": Anpassen und Nichtanpassen

Das Spannungsfeld

Das Spannungsfeld Mensch – Welt, Individuum – Gesellschaft, Teil – Ganzes wirft Fragen auf.

Wenn ich Teil in einem größeren Ganzen bin, wo ist dann meine Eigenständigkeit? Was habe ich dann noch einzubringen? Wo bleibe ich mit meiner Selbständigkeit? Bin ich als Teil eines Ganzen verurteilt, mich nur noch einzufügen und anzupassen? Ist mein Bedürfnis, verschiedene Dinge nach meiner Einsicht verändern zu wollen, Größenwahnsinn? Ist es krankhaft, die Welt mit mir in Übereinstimmung bringen zu wollen, statt mich selbst dem anzupassen, wie die Welt ist?

Anpassung

Aus Erfahrung weiß ich, daß ich irgendwie immer damit anfangen muß, mich weitgehend anzupassen. Sogar wenn ich bei wesentlichen Punkten so meine Zweifel habe. Auch wenn es meine Absicht ist, die Sache gründlich anzugehen und zu verändern. Denn wenn ich irgendwo etwas verändern will, muß ich erst einmal dazugehören.

Ob es nun um eine neue Stellung geht, eine Beziehung, die Nachbarschaft, die Familie oder die Partei – du beginnst damit, einen Vorschuß einzuräumen. Du setzt dich ein für die Struktur, die da ist und die die anderen ohne dich gemacht haben. Du meinst mit vorhandenem Kapital in der gängigen Währung starten zu müssen: Auffassungen, Normen, Riten, Abmachungen – dein Mitgliedsbeitrag. Diese Notwendigkeit wird besonders deutlich bei Anstellungsgesprächen. Derjenige, der sich bewirbt, deutet auf jede nur mögliche Weise an, daß er genau in das Bild paßt, das der andere sich gemacht hat. Sogar die Kritik, die der Bewerber äußert, ist die Kritik, die der Betrieb vom Bewerber hören will und in der er Erwartungen und Normen erfüllt.
Wenn du aktiv dazugehören willst, bist du in erster Linie ein Teil des Teams, ein Gruppenmitglied, Familienmitglied, Arbeitnehmer, Teil des Ganzen. Zunächst bist du nur Mitdenkender, erst danach Denkender oder Anders-Denkender. Zunächst abhängig, erst danach ein Besonderer oder Alternativer. Zunächst geprägt von der Vergangenheit, erst danach Mitentwerfer der Zukunft. Anfangs übernimmst du die Sprache und dadurch beeinflußt, die Art zu denken und zu fühlen. Du übernimmst sie von deinen Eltern, von Dozenten und Fachleuten aus deinem Betrieb, der Kirche oder der Partei. Dann erst kannst du – in dieser Sprache – sagen: „Ich bin nicht eurer Meinung." Worin du nicht einer Meinung bist, das kannst du erst darlegen im Zusammenhang mit den Dingen, über die du wohl der gleichen Meinung bist.
Wir passen uns an, um zur Gruppe zu gehören. Das ist kein Luxus sondern schlicht Notwendigkeit. Um zu überleben! Darum hat die Gruppe, die öffentliche Meinung, der Betrieb, die Sprache solch große Macht. Dieses Anpassen findet bis in unser Tun und Denken hinein statt. Wir denken von der Gruppe her, von unserem „Nest". Gibt es einmal einen Konflikt zwischen unserer und einer anderen Gruppe, dann wird die andere Gruppe Gegenstand jeder Kritik, und es ist sehr schwierig, der eigenen Gruppe gegenüber kritisch zu sein. Die „Alternativen" erklären, die Gesellschaft sei krank, und die Gesellschaft hält die „Alternativen" für nicht ganz normal. Holländer sehen in den Süd-Molukkern die Problemursachen und nicht in sich selbst. Wenn ein Arzt nicht recht weiß, wo er mit der Behandlung ansetzen soll, kommt es ihm kaum in den Sinn, daß er ein Problem-Arzt sein könnte, sondern er sieht nur den Problem-Patienten.

Wenn du irgendwie zu deinem Recht kommen willst, bist du von Geburt an darauf angewiesen, zu beachten, wie sich deine Altersgruppe und deine Umgebung verhält (soziales Verhalten). Im Zusammenhang mit diesem sozialen Verhalten gibt es eine Reihe von ausgesprochenen und unausgesprochenen Überzeugungen (Ideologien). Du fügst dich in vorgegebene Bahnen, weil du als Kind nicht für all deine Bedürfnisse selbst eine eigene, originelle Lösung finden kannst. Das Fahrrad, der elektrische Herd, die Straßen, die Muttersprache, die Dose mit Süßigkeiten, die Schule und das Fernsehen waren bereits vor deiner Geburt erfunden. Das normiert dich.
Als Kind wirst du zunächst die Welt der Erwachsenen akzeptieren – auch wenn es hinten und vorne nicht stimmt. Du schluckst einfach runter, was dir mit dem Löffel in den Mund gesteckt wird, auch wenn schwerverdauliche Schadstoffe im Brei sind. Einen eigenen Weg suchen, Alternativen überlegen kommt erst später – vielleicht. Und dann auch nur in geringfügigem Maße.
Der kleine Einzelne fügt sich und paßt sich an, im Verhalten und im Denken – sogar wenn er dadurch Gefäßverengung oder Atembeschwerden bekommt. Er nimmt's im Tausch für Wohnung, Schutz, Taschengeld, Angenommensein, Liebe oder einen Job.

Unangepaßtheit

Wenn du in deinen Ideen und Gefühlen oder in deinem sexuellen Verhalten oder wo auch immer allzusehr von den üblichen Gruppennormen abweichst, dann bekommst du Schwierigkeiten. Man kann dich deswegen belächeln, mißbilligen, strafen, abwählen, entlassen. Indem du dich anpaßt, bezahlst du deinen Eintritt. Anpassung, um akzeptiert zu werden.
Für nicht-angepaßte Menschen ist nicht viel Raum. Je nach dem Kontext nennt man sie: Sünder, Querkopf, Terrorist, Missetäter, Ketzer, Unruhestifter, Asozialer, Feind des Volkes.
Bei den Jugendlichen in der Pubertät wird Unangepaßtsein wohl für eine Weile geduldet. Man sieht es an als Protest, der zu ihnen gehört, weil sie im „Übergang" stecken. Es darf nur nicht sehr lange dauern.
Selten wird Unangepaßtheit verstanden als die einzige Möglichkeit eines Menschen, sich nicht von Schicksal und Umständen unterkriegen zu lassen, also als ein Weg zur Weiterentwicklung.

In besonderen Situationen wird Unangepaßtheit toleriert als das mehr oder weniger exotische Verhalten eines ausgefallenen Exemplars. Die übrigen Familien- oder Gruppenmitglieder müssen eben zusehen, wie sie damit leben können. Dann kann man den Seufzer hören: „Was wollt ihr, sie ist nun einmal eine Künstlerin." „Er ist schon immer etwas seltsam und einfältig gewesen." „Er ist ein Philosoph und hat seinen Ort noch nicht gefunden, er lebt ein bißchen in den Wolken."
Unangepaßtheit wird jedoch nicht oder nur bedingt auf dem Arbeitsmarkt, im Bankwesen, im Unterricht, in der Sozialarbeit oder in der Armee geduldet. Hier gibt es die starke Forderung, daß man die gleichen Lebensmuster und Ideen hat, die gleichen Reklameprodukte kauft, die gleichen (hetero-)sexuellen Neigungen hat, dieselben Sachen „gesund" oder „ungesund" nennt. Sonst wirst du ins Abseits verwiesen. Oder man droht dir mit Sanktionen. So verfährt man nicht nur mit Einzelpersonen, sondern auch mit weniger starken Gruppen oder Ländern. Wer Reagans Kalte-Krieg-Politik nicht mitmacht, muß bestraft werden, etwa mit Wirtschaftssanktionen.
Auch die Ideologie wirkt auf diese Weise. Wie eine Art selbstverständlicher Gruppennorm. Wie ein innerer Zensor, der sagt, wie wir denken, fühlen, handeln dürfen – was gut ist und was böse – was „man" dazu sagt.

Anpassen und Nichtanpassen

Trotzdem gehören Anpassen und Nichtanpassen zusammen. Indem du dich den gegebenen Realitäten anpaßt, kannst du dir Alternativen überlegen. Du kannst kritisch deine Umgebung abwägen, beurteilen und zur Diskussion stellen. Indem du mit beiden Beinen im Status quo stehst, kannst du diesen Status mitsteuern und beherrschen. Die Realität ist der Ausgangspunkt. Es gibt den Menschen Boden unter die Füße, wenn man ihnen hilft, sich auf diese Weise anzupassen. Dann wird Anpassen zu einer Phase im Prozeß der Emanzipation im persönlichen und gesellschaftlichen Bereich. Wenn wir diese Entwicklungsstufe übergehen, bleiben wir bald stecken. Wir schlagen um uns. Wir rangieren uns selber aus.
Häufig sind emanzipatorische Bewegungen festgefahren, weil sie diesen realen Ausgangspunkt umgehen wollen. Ihre Befreiungs-

versuche bringen dann nur Unfreiheit neuen Stils. Darin produzieren sie in verhüllter Form, was sie doch eigentlich bekämpfen: etwa einen sexistischen Kampf gegen Sexismus; eine besitzende Klasse linker Couleur; gewalttätigen Widerstand gegen die Gewalt.
Anpassen ist ein Ansatz zur Erneuerung oder zur Verfremdung. Nicht-Anpassen ist es auch.

„Als ich die Zigeuner besser kennen lernte, verschwanden meine ursprünglichen Aversionen. Die leben nur so in den Tag hinein, dachte ich zunächst. Aber nach und nach fing ich an, sie zu bewundern, wie sie durch ihr sogenanntes Unangepaßtsein ganz intensiv leben und es fertigbringen zu überleben.
Ich habe etwas von ihnen gelernt. Ich habe das einengende Korsett meiner eigenen Normen erkannt. Sie sind wie die Kakteen. Ursprünglich hatten diese Pflanzen einmal Blätter. Als sich aber das Klima in Jahrtausenden veränderte und es immer trockener und wärmer wurde, mußte diese Pflanze, um überleben zu können, ihre Blätter, die zu viel Feuchtigkeit verdunsteten, gegen Stacheln eintauschen, bei denen das nicht geschieht. So kann sie unter widrigsten Umständen überleben." (H. K.)

Der totale Kurzschluß

Wenn im großen Stromnetz Kurzschlüsse sind, brennen auch Teilnetze manchmal durch.
Der Arbeitsausfall wegen Krankheit einzelner Arbeitnehmer in Druckerei und Verlag steigt an, wenn sie ständig geringere Teilaufgaben zugewiesen bekommen, etwa nur Schreibmaschine schreiben, von früh bis spät Fahnen korrigieren oder nur Verkaufsziffern addieren müssen. In dem Maße, wie ihre Eigenverantwortlichkeit für das Endprodukt, auf das sie stolz sein könnten, sinkt, steigt die Zahl der Krankmeldungen. Straßenbahnführer wurden immer häufiger krank und überanstrengt, als der automatische Funkkontakt sie ständig erreichen und kontrollieren konnte. So waren sie nicht mehr die vorangehenden Anführer, die die Menschen durch dichtes Verkehrsgewühl sicher durch alle Abenteuer hindurchlotsten, sondern sie waren nur noch Räder im unsichtbaren Beförderungsapparat.
Zunächst wird der „königliche Mensch" durch den ganzen industriellen Apparat zur „Arbeitskraft" degradiert, die ihren Adel und ihre Identität nur einer bezahlten Arbeit verdankt. Dann wird Arbeit

knapp, und Millionen wird dieser Adel und diese Identität mit den entsprechenden Lebensmöglichkeiten einfach genommen. Die Folge ist soziale Ungewißheit plus individuelle Erniedrigung.
Das kleine Teilsystem steht im Zusammenhang mit dem größeren System. Die Dollarzinsen stiegen, dadurch sank das Kapital in Holland, und meine Hypothekenzinsen waren am Fälligkeitsdatum um 4 % gestiegen. Ich (das kleine Teilsystem) hatte dadurch schlaflose Nächte und bekam Magenbeschwerden (ein noch kleineres Teilsystem). Es half mir nicht, als ich mir den Bauch massierte, auch Natron oder ein Schnäpschen brachten keinen Nutzen. Die roten Zahlen wurden jeden Monat höher. Da hilft nur eins: nach strukturellen Lösungen suchen. Das bedeutet, Lösungen zu finden, die die Beziehung vom Teilsystem zu dem größeren System verändern. Zum Beispiel: das liebgewordene Haus verkaufen, die hohe Hypothek kündigen, ein billigeres Haus mit zahlbarer Hypothek erwerben und versuchen, in Krisenzeiten gesund zu bleiben.
Die größeren Systeme (Arbeitgeber, Familie, Regierung) bestimmen die Lebensbedingungen der Menschen (Teilsysteme). Zugleich beeinflussen sie dadurch das Wohlergehen oder die Probleme des einzelnen, etwa durch Kreditwürdigkeit bei einer Bank, durch gute oder schlechte Wohnverhältnisse, durch kohlensaures Gas in der Atmosphäre, durch Überarbeitung, zu starke Lärmbelästigung, zu starke Belastung durch die Kinder, durch Einsparungen, durch das Recht der vorgezogenen Entlassung aus dem Arbeitsprozeß (vorgezogenes Rentenalter) usw.

Nicht anpassen, sondern verändern

Weil Menschen nun aber nicht nur bestimmt werden durch die großen Systeme und durch die Vergangenheit, sondern weil sie auch von unten her diese größeren Systeme schaffen und die Zukunft planen, ist Anpassen nur der eine Pol des Lebens. Der andere Pol des Spannungsfeldes ist: nicht anpassen, planen, verändern, eine bessere Zukunft schaffen, dafür kämpfen.
„Nach uns die Sintflut..." ist nicht die richtige Haltung. Richtungsweisenden Idealen nachzustreben, die für das große Ganze maßgeblich sein können, und darauf die Schritte kleinerer Einheiten auszurichten, die gebündelt zu einer Kraft werden können, die Veränderungen zuwege bringt, das sollte bestimmend sein. Nicht

nur die größeren Systeme bestimmen uns. Wir können – umgekehrt – gemeinsam auch die großen Systeme steuern. Es ist ein Prozeß, der Jahre oder Jahrhunderte und viele Generationen lang dauern kann und in den wir einbezogen sind. Ein fortwährendes Werden und Entstehen: „Denn wir wissen, daß die ganze Schöpfung bis zu diesem Augenblick mit uns seufzt und sich ängstet" (vgl. Röm 8,22).

Hieraus erklärt sich auch die uns angeborene Sehnsucht nach besseren Zeiten, nach Gerechtigkeit und nach Authentizität. Von dieser weiten Perspektive her haben unsere kleinen Beiträge ihren eigenen Wert. Sie verändern die Welt nicht auf einmal, aber sie „wirken". Daher gibt es tatsächlich so etwas wie die Fähigkeit, gesellschaftliche Veränderungen oder Veränderungen in einem Betrieb oder in einer Familie zu erreichen. (Weiteres hierzu in der 10. Lektion).

5. LEKTION

Mit Vorwürfen umgehen

Einleitende Theorie

Unsere Kinder, Ehepartner, Eltern, Kollegen und Nachbarn meinen, wir seien nicht ganz so, wie wir sein sollten. Wir sind ihnen ein täglicher „Stein des Antoßes". Ihren Ärger hören wir heraus aus den offenen Vorwürfen; aus den Vorwürfen, die sich hinter wehleidigen Sätzen verstecken, mit denen sie uns und unsere Fragen abspeisen; oder aus dem vorwurfsvollen Schweigen, das manchmal zwischen ihnen und uns hängt. Was fangen wir mit diesen Vorwürfen an? Einfach zur Tagesordnung übergehen? Ablenkungsmanöver versuchen? Die Kunst, sich taub zu stellen, bis zur Vollkommenheit ausüben? Ihre Vorwürfe und langweiliges Gemeckere mit Gegenvorwürfen zurückschlagen? Sich prügeln? Die bösartige Atmosphäre kann sich dann wie eine Spirale immer weiter aufputschen, bis alles auseinanderbricht. Aber dadurch verlieren wir einander nur und enden in nachtragendem Alleinsein...

Unsere Kinder, Ehepartner, Eltern, Kollegen und Nachbarn sind aber auch nicht so, wie sie unserer Meinung nach zu sein hätten. Damit geben sie uns täglich Anlaß zum Ärgernis. Schließen wir die Augen vor dem, was sich vor unseren Augen abspielt? Schlucken wir den Ärger tapfer runter, wo er dann in der Magengegend hängenbleibt und uns den Leib versauert? Atmen wir tief durch und versuchen, einfach nicht mehr daran zu denken? Allerdings bleibt der Vorwurf dann „stecken"...

Was machst du mit den Vorwürfen, die du jemandem gegenüber empfindest? Und mit den Vorwürfen, die andere dir gegenüber haben?

Das werden wir in dieser Lektion behandeln, und zwar wie in all diesen Lektionen in kleinen Übungsmodellen.

Übung I:
Umgang mit Vorwürfen, die man gegen dich erhebt

■ *Erster Schritt:*
Fertige eine Liste an mit drei Vorwürfen, die man in der letzten Zeit öfter gegen dich erhoben hat. Dinge, die „man" dir (zu Recht oder zu Unrecht) vorwirft. Versuche, die Vorwürfe klar und deutlich in Worte zu fassen, und füge die pikanten Details und den emotionellen Gehalt hinzu, der die Vorwerfenden dabei treibt.
Nimm einen der aufgeschriebenen Vorwürfe zum Thema dieser Übung. Suche dir einen Stellvertreter (Gruppenmitglied oder Freund), der dir den Vorwurf jetzt „serviert", damit wir mit der Übung anfangen können.

■ *Zweiter Schritt:* Die Erforschung
Für diese kleine Übung mußt du dich selbst dreimal (jedesmal auf andere Weise) programmieren, während der „Stellvertreter" dir den bekannten Vorwurf macht.

1. *Schlucken*
Nimm den Vorwurf an. Schlucke ihn. Gib dem Vorwerfenden recht oder tue so, als ob du ihm recht gäbest. Verteidige dich nicht. Füge dich, um des „lieben Friedens" willen. Vermeide auch den kleinsten Zank. Verhalte dich so, wie du es sonst wohl auch machst. Schweige nun einige Augenblicke und schreibe dann auf, was du dabei in deinem Körper erfährst und welche Gedanken dir kommen.

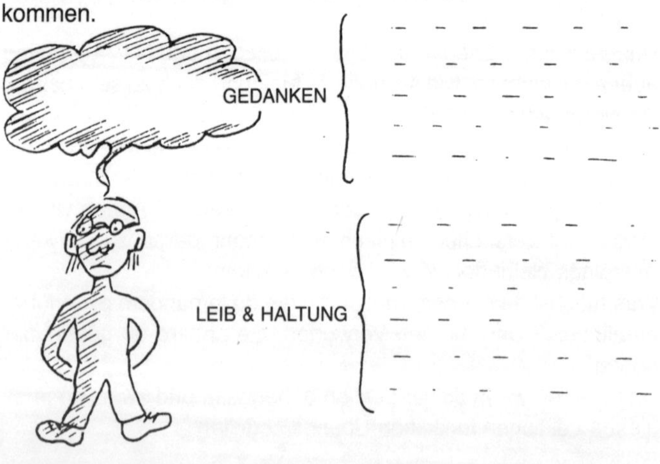

2. Verteidige dich

Laß dir nichts gefallen! Schlage mit anderen Vorwürfen zurück. Der andere soll lieber auf sich selber achten. Was denkt er sich denn! Er oder sie ist doch selber, was er oder sie sagt! – und noch viel Schlimmeres –, und das nach allem, was du ihm oder ihr Gutes tun wolltest.

Schweige einige Augenblicke und schreibe dann auf, was du dabei in deinem Körper erfährst und welche Gedanken dir dabei kommen.

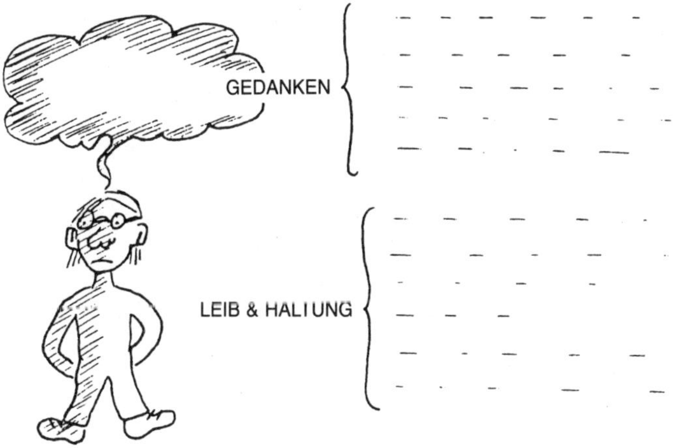

3. Den Vorwurf zerlegen

Nimm den Vorwurf und lege ihn sozusagen vor dich hin, um ihn zu untersuchen. Geh nicht zu nah ran. Betrachte ihn und mache nacheinander zweierlei damit:

a) Notiere, was du von diesem Vorwurf annehmen willst.

Versuche kurz, in der Haut dessen zu stecken, der dir etwas vorwirft, und betrachte den Vorwurf von dieser Seite her. Schlüpfe wieder in deine eigene Haut und sage, was du von diesem Vorwurf behalten willst: den Wahrheitsgehalt, der doch auch darin steckt. Wie ärgerlich es auch erscheint, „irgendwie" haben diejenigen, die uns etwas vorwerfen, doch recht. Zu einem Teil jedenfalls. Wie gering auch immer. Auf die eine oder andere Weise haben wir (vielleicht in gutem Glauben) Anlaß zu diesem Vorwurf gegeben.

„Zum Teil muß ich zugeben, daß..." oder: „Ja, du hast recht und zwar in der Hinsicht..."

b) Notiere, was du an diesem Vorwurf ablehnst.
Ziehe eine Grenze. Bis hierher. Sage klar und deutlich, was du nicht auf dich nehmen willst. Was du nicht – oder noch nicht – akzeptierst (ob zu Recht oder zu Unrecht ist dabei unwichtig).
Das bedeutet, daß du zum Teil weiterhin das tun wirst, was man dir vorwirft. Zum Beispiel: Dein Mann wirft dir vor, zu autoritär geworden zu sein. Das stimmt zum Teil (weil du aus verschiedenen Unsicherheiten heraus deine eigene Meinung immer noch recht aggressiv äußerst); diese schnippische, barsche Art solltest du lieber sein lassen. Aber etwas davon möchtest du nicht aufgeben: daß du kräftig und deutlich deine eigene Meinung vertreten willst.
Schreibe auf – nach einigen Augenblicken des Schweigens –, was du hierbei in deinem Körper spürst. Welche Haltung dein Körper nach dieser dritten Programmierung spontan eingenommen hat. Und welche Gedanken dir dabei kommen.

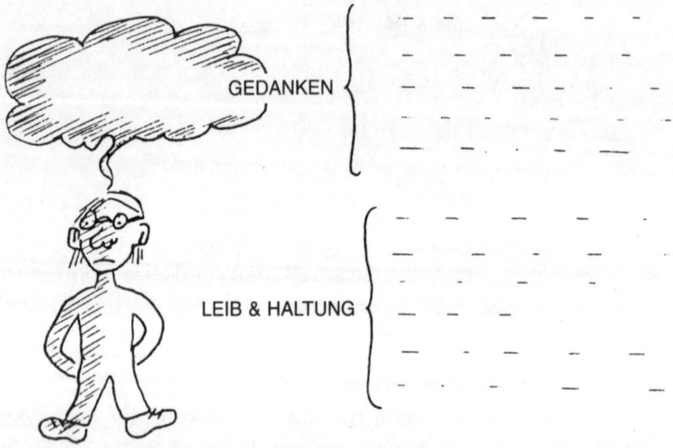

■ *Dritter Schritt:* Das verborgene Bedürfnis hinter dem Vorwurf

Suche gemeinsam mit dem Stellvertreter und eventuell mit der anwesenden Gruppe nach möglichen Bedürfnissen, die hinter dem Vorwurf versteckt sein könnten.

Es ist häufig so, daß Vorwürfe nur die unangenehme Verpackung dessen sind, was die Leute sich eigentlich von uns wünschen. Wenn sie schon im voraus glauben, daß ihre Bitte doch nicht ernstgenommen werden wird, oder wenn ihre Bitte sie selbst aus irgendeinem Grund verlegen macht, hüllen sie ihre Bitte in Vorwürfe. (Wenn der Urheber des Vorwurfs anwesend ist, können wir ihn oder sie danach fragen. Aber das kommt noch in der nächsten Übung explizit zur Sprache).

Übung II: Die Vorwürfe, die du selbst erhebst

Hinführung

Manchmal sitzen wir da mit unseren Vorwürfen. Etwa weil „man" (der Partner, die Kinder, die Nachbarn...) sie nicht hören kann oder will. Vielleicht macht auch die Art, wie wir sie äußern, es so schwierig, sie zu hören? Wenn nun der Vorwurf nicht akzeptiert wird oder der Angegriffene ihn einfach nicht versteht, dann fangen wir an, noch lauter zu schreien, noch mehr Kraft dahinter zu stecken, Schimpfworte hinzuzufügen, den Vorwurf immer schärfer und umfassender zu formulieren... weil wir – verflixt nochmal! – gehört werden wollen.
Um angehört zu werden, fangen wir an, Verletzendes anzufügen und den Vorwurf auf das ganze Sein auszuweiten: „Du... *immer*... und *nie* wirst du mal... Nein! Das gibt's bei dir einfach nicht!" usw.
Solch lautes Schreien erleichtert manchmal für einen Moment, aber damit ist noch lange nicht alles in Ordnung. Und meistens bewirkt unser ganzes Geschrei nur, daß wir weniger oder ganz und gar nicht mehr gehört werden.
Hinzu kommt noch, daß wir, indem wir den Vorwurf so züchten und aufbauschen, verabsolutieren und literarisch mit Schimpfprosa und verletzenden Aussagen ausschmücken, immer mehr den Kontakt und sogar die Beziehung zum Partner oder Kollegen in die Waagschale werfen und ihn oder sie damit ganz verlieren können, was wir letzten Endes doch gar nicht wirklich wollen...

■ *Erster Schritt:* Sich über den Vorwurf klar werden

Suche dir jemanden, mit dem du darüber sprechen willst. Sprich mit ihm über deine Vorwürfe gegenüber X (oder gegen X und Y). Versuche, den Kern des Vorwurfs herauszuschälen, und laß dir dabei helfen. Wenn der andere den Vorwurf richtig verstanden hat und in einem kurzen Satz zusammenfassen kann, losgelöst von den Begleitumständen, von den emotionellen Superlativen und von der literarischen Verkleidung, dann können wir zum nächsten Schritt übergehen.

■ *Zweiter Schritt:* Inwieweit bin ich selbst angesprochen?

a) Erhebst du diesen Vorwurf öfter?
Vielleicht machst du diesen Vorwurf nicht nur X oder Y, sondern auch noch anderen Leuten (vielleicht auch nur im stillen?). Denk einmal nach und mache eine Liste von ehemaligen „Bevorzugten" für denselben Vorwurf: . . ., . . ., . . .,

b) Machst du dir diesen Vorwurf manchmal auch selber?
Wenn wir Probleme mit anderen haben und ihnen etwas vorwerfen, dann ist der Grund häufig der, daß sie gewissermaßen Spiegel einer nicht oder nicht gern akzeptierten Seite unseres Ichs sind. Sie spiegeln etwas in uns wider, das wir lieber nicht wahrhaben möchten, weil wir es uns selber vorwerfen. Daher der Satz: „Was du (von einem anderen) sagst, das bist du selber (ein wenig)."

■ *Dritter Schritt:* Die verborgene Bitte ermitteln

a) In jedem Vorwurf steckt auch eine Bitte.
Der Wunsch ist da, weil wir X oder Y für etwas brauchen. Vielleicht ist es eine delikate Bitte, vielleicht auch eine unmögliche.
Wir versuchen mit Hilfe unseres Freundes die unausgesprochene Bitte zu erkennen.
Die nicht ausgesprochene Frage lautet: „. . . "
b) Übersetze diese Bitte in die Ich-Form.
Das bedeutet: Formuliere die Bitte als etwas, das du brauchst, und nicht als etwas, wovon du meinst, der andere müsse es tun oder geben oder sein. Nimm also die Forderung heraus aus dem Wunsch und sage statt dessen, was du selber brauchst. Also nicht: „Ich will, daß *er*... oder daß *sie*," sondern: „Ich habe das

Bedürfnis, daß *ich*..." (Wenn es uns nicht gelingt, die Bitte so zu übersetzen, werden wir daran auch entdecken, welche alten Animositäten und Normen in unserem Vorwurf mitschwingen.)

■ *Vierter Schritt:*
(Nur wenn wir die Beziehung zu der betreffenden Person verbessern möchten)

Teile die Entdeckungen aus dem zweiten und dritten Schritt nach Möglichkeit mit demjenigen, mit dem du zerstritten bist.
Ein guter Rat zu diesem Gespräch: Versuche, nicht alle Macht bei dir selbst zu behalten. Beachte auch den Standpunkt des anderen. Versuche nicht, eine Nebensächlichkeit hochzuspielen, sondern sage ehrlich den eigentlichen Vorwurf. Sprich auch über deine Gefühle und zeige sie.

P.S. „Mit Vorwürfen umgehen" können wir auch von anderen Ansatzpunkten her, z.B. mit Lektion 1: Umgang mit Idealen, Lektion 7: Rezepte.

Szenario eines Ehedramas

Vorerinnerung

Es gibt da eine alte Vorerinnerung: eine empfindliche Stelle. Diese empfindliche Stelle ist schon zwanzig oder dreißig Jahre alt. Bei ihm sitzt eine, und sie hat auch eine.

SEINE: Man hat ihm früher so oft gesagt, daß er nichts tauge, daß er diesen alten Kehrreim sozusagen ständig erwartet. Er hört Vorwürfe schon, wenn sie noch gar nicht da sind. Er riecht sie bereits, bevor jemand den Mund auch nur öffnet. Er fürchtet sie auch, denn manche Vorwürfe reißen ihm sozusagen den Grund unter den Füßen fort.

IHRE: Sie fühlt sich leicht unbeachtet oder überhört. Das hat sicher mit alten Erlebnissen von früher zu tun. Für sie ist das etwas, was sie im Grunde fortwährend erwartet. Sehr bald hat sie immer wieder das Gefühl, daß die anderen sie nicht wichtig oder der Mühe wert finden.

Phase 1

ER: Auf der Geburtstagsparty, von der sie jetzt nach Hause kommen, hat er sich sehr um die Gastgeberin bemüht und schien sich überaus zu amüsieren.

SIE: Ihr war auf der Party nicht so wohl zumute. Sie hat aus der Ferne seine ausgelassene Fröhlichkeit beobachtet und wie sie dabei allmählich traurig wurde.

Auf dem Heimweg ist sie schweigsam, finster und etwas abweisend. Der alte schmerzende Gedanke spukt ihr im Kopf herum: „Da hast du's mal wieder. Hier genießt er, während er zuhause seit Wochen müde herumläuft. Man merkt, wie nebensächlich ich ihm bin. Übrigens, auf der ganzen Party hat mich keiner beachtet ..." Diese Gedanken bringen sie immer tiefer in eine düstere Stimmung; und auch die paar Gläschen Wein, die sie getrunken hat, verstärken das noch.

ER: Er empfindet ihr Schweigen als Vorwurf. Er versucht, nicht zu sehr darauf zu achten, aber es gelingt ihm nicht. „Du bist so still", sagt er, „was ist denn los?"

SIE: Im Grunde ist sie traurig, aber das will sie nicht zeigen. Dadurch macht sie den Eindruck, böse zu sein, und zwar mit ihm. „Du hast mich heute abend ganz schön im Stich gelassen!" sagt sie. Anstatt zu sagen: „Ich kam mir vor, als ob ich niemandem etwas bedeute."

ER: Er ahnt dahinter Vorwürfe und wechselt gleich in Verteidigung oder Angriff (wo liegt der Unterschied?), wie ein übertrieben scharfer Wachhund, der bei jedem geringsten Geräusch losbellt. „Das stimmt nicht!" sagt er ärgerlich. „Unsinn! Darüber wollen wir gar nicht erst reden, denn das stimmt mal wieder vorne und hinten nicht!" Er versucht, nach dem versteckten Wörtchen „wieder mal" in seiner Entgegnung, das Gespräch überlegen in andere Bahn zu lenken (was nicht gelingt).

(Dieses war die erste Phase: Aus irgendeinem Grund haben sie Schwierigkeiten. Es ist noch kein echter Konflikt. Sie versuchen beide, das Problem zu umgehen. Ohne Erfolg.)

Phase 2

SIE: Sie überhört, daß er ein anderes Thema angeschnitten hat und kommt auf ihren Vorwurf zurück. Jetzt ist er bereits verschärft, mit stärkeren Ausdrücken versehen und deutlicher an ihn gerichtet. Sie will gehört werden und läßt sich nicht einfach abwimmeln.

ER: Er geht wieder zum Angriff über.
„Daran ist nichts, aber auch gar nichts Wahres! Ich verstehe überhaupt nicht, wie du immer auf solche Sachen verfällst!" Er befiehlt ihr fast, mit dem ganzen Theater aufzuhören.

SIE: Nun wird sie erst recht böse und schreit, daß ein Gespräch mit ihm „immer" so verlaufe und daß auf diese Weise mit ihm zu reden keinen Sinn habe.

ER: Jetzt geht er offen zum Angriff über. Er fühlt sich verkannt und bemitleidenswert und zornig und ist entrüstet über das Unrecht, das man ihm auf diese Art antut. Ihre Worte donnern über ihn hinweg. Er schaut sie verbiestert an.

(Das war die zweite Phase: Sie schaukeln die Sache immer höher, indem sie sich das Problem gegenseitig in die Schuhe schieben. Dadurch stehen sie sich immer unversöhnlicher gegenüber – mißtrauisch und angriffslustig.)

Phase 3

SIE: Sie schweigt jetzt. Das ist ihre stärkste Waffe. Das mitleiderregende Getue, als sei er ungerecht behandelt, irritiert sie maßlos. Sie zieht sich in sich selbst zurück, weil sie weiß, wie schwierig es für sie wird, wenn er mit dieser Masche vorgeht. Sie fühlt, wie sie allmählich erstarrt und kalt wird, und sagt gar nichts mehr.

ER: Dagegen ist er hilflos. Er sagt, daß ihn dies Getue verrückt mache. Er will fort. Alleine sein. Er braucht Luft und geht in den Garten. Die Haustür schlägt er mit einem Knall zu.

SIE: Sie vergräbt sich ganz und gar. Nun ist sie allein im Haus und beginnt die Zeitung zu lesen. Innerlich fühlt sie sich traurig und unverstanden, äußerlich ist sie wie erstarrt. Die Zeitungsnachrichten dringen nicht bis zu ihr durch.

(Das war die dritte Phase: Mit Reden scheinen sie nicht weiterzukommen. Jeder zieht sich auf seine Weise zurück.)

Phase 4

ER: Er kommt wieder ins Haus. Um wieder an sie heranzukommen, beginnt er einen neuen Angriff. Wenn sie weiterhin kühl und reserviert reagiert, wird er wütend. Er will sie greifen und schütteln. Er empfindet ihr Verhalten so, als stoße sie ihm ein Messer zwischen die Rippen.

SIE: Rühr mich nicht an! Stell dich doch nicht so an und mach nicht solchen Zirkus über einen kleinen Vorwurf!"

ER: Er überschüttet sie nun mit Kränkungen. Ein Strom von Vorwürfen und Zorn.

(Das war die vierte Phase: Auch der Rückzug aus der vorigen Phase war unbefriedigend. Sie beginnen wieder zu streiten. Nun drohen sie einander mit Sanktionen, schlagen sich oder werfen sich gegenseitig Sachen an den Kopf.)

Phase 5

SIE: Sie ist verzweifelt. Sie weint. Sie wirft sich selbst vor, daß sie immer alles falsch mache und daß eine Beziehung für sie eine viel zu schwierige Sache sei.

ER: Er sagt, daß er auch nicht mehr aus noch ein wisse. Er fühlt sich elend und wirft sich vor, daß er in einer Beziehung nicht einmal fähig sei, mit solch kleinen menschlichen Problemen im guten fertig zu werden.

(Das war die fünfte Phase: Hilflosigkeit, Trauer, Selbstvorwürfe.)

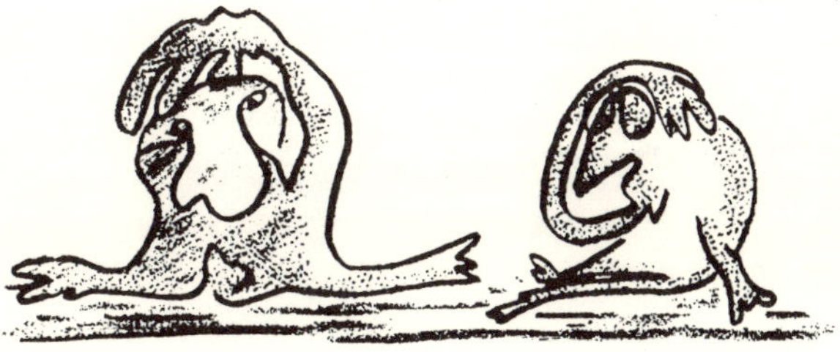

Phase 6

ER: Er macht einen Annäherungsversuch:
„Wie fangen wir's nur an, daß wir wieder normal miteinander umgehen? Worüber zanken wir uns eigentlich?"

SIE: Sie macht ebenfalls einen Versuch, indem sie das, was sie ihm anfangs vorwarf, nicht mehr gegen ihn gerichtet formuliert: „Ich kann's nicht haben, wenn du dich so um eine andere bemühst. Ich komme mir dann leicht so alleingelassen vor."

ER: Er kommt ihr entgegen: „Ich fürchte mich davor, daß das, was ich tue, negativ angesehen wird, ganz besonders, wenn du das tust... Und wenn ich mich fürchte, dann reagiere ich zornig... Du, setz dich doch mal eben zu mir...!"

SIE: „Eigentlich erwarte ich von dir, daß du mich verstehst und begreifst..."

ER: „Ich erwarte von dir, daß du mir vertraust und mir Kredit gibst. Ich brauche es so sehr!"

(Das war die sechste Phase: Beide zeigen nun ihre eigenen Bedürfnisse. Die Bedrohung weicht. Sie brauchen einander so sehr.)

Ende des Dramas

6. LEKTION

Groß-Ich und Klein-Ich

Unser Ich ist doppelseitig. Diese zwei Seiten unseres Ich könnten wir Groß-Ich und Klein-Ich nennen. Beide Seiten sind immer gleichzeitig vorhanden. Sie verständigen sich, sie kämpfen miteinander oder sie spielen Spielchen – manchmal sogar recht schwierige Spielchen.
Es kommt aber auch vor, daß sie sich miteinander verbündet haben. In solchen Zeiten fühlen wir uns innerlich am wohlsten.

Einleitende Theorie

Zwei Seiten

Daß es diese beiden Seiten tatsächlich gibt, läßt sich aus allen menschlichen Verhaltensweisen und Aktivitäten ablesen. Sehr ausgeprägt zeigt es sich beispielsweise in der Sprache. Die Reflexivpronomen weisen darauf hin, daß wir aus zwei Gegenpolen bestehen. Daß in uns ständig ein Dialog stattfindet: „Das mag ich nicht an mir selbst." „Ich reiße mich selbst am Riemen." „Ich will mit mir selbst ins reine kommen." „Ich spreche mir selbst Mut zu." „Ich sage mir dann selbst..." „Das kann ich an mir selbst nicht leiden." Diese beiden Seiten in uns drücken wir auch sprachlich aus mit „einerseits" und „andererseits", wenn wir von uns selbst reden: „Einerseits bin ich ein ausgekochter Schmarotzer, andererseits möchte ich immer für alle anderen sorgen, und manchmal habe ich gar den Eindruck, daß ich die Sorgen der ganzen Welt mit mir herumschleppe..."

Wer ist Groß-Ich?

Groß-Ich ist meistens recht ernsthaft. Er vertritt ja die Gesellschaft, den Staat, die herrschende Moral, die Pflicht, die Mode, die Trends, die Ordnung, die Erziehung.

Was Groß-Ich uns sagt und von uns erwartet, stimmt meistens mit dem überein, was unsere Eltern und Erzieher von uns erwarten. Deshalb hört sich Groß-Ich ziemlich moralisierend an. Er tut so, als habe er immer recht. Er wirkt, als sei er die höchste Autorität und gibt sich den Anschein, immer zu wissen, was gut ist. Er gebraucht Ausdrücke wie: „Du sollst...", „Du darfst vor allem niemals...", „Wenn du nicht..., dann wirst du...", „Du mußt..."
Es gibt eine ganz einfache Möglichkeit, Groß-Ich in dir reden zu hören, und zwar so: Du streckst ein wenig die linke Hand vor und stellst (in deiner Phantasie) dich selbst als kleinen Zwerg von etwa 4 cm auf die Handfläche deiner vorgehaltenen Hand.
Fertig? Nun sprichst du zu dem kleinen Zwerglein mit dem erhobenen Zeigefinger der rechten Hand. Die „Stimme" dieser Hand ist dann die Stimme von Groß-Ich.

Meistens hat Groß-Ich dem Klein-Ich sehr viel vorzuwerfen. Oft werden diese Vorwürfe gar zu Schimpfworten: „Faulpelz", „Dummkopf", „unzuverlässiger Träumer", „flatterhafter Mensch", „versoffenes Loch", „Freßsack", „schlechte Mutter", „Du solltest dich schämen, daß...", „Wann wirst du eigentlich endlich erwachsen?", „Reiß dich zusammen..."
Groß-Ich gibt uns viele gute Ratschläge. Er achtet darauf, daß etwas erreicht wird: die Karriere, die Versprechungen und Erwartungen. Er achtet darauf, daß wir für unsere Umwelt akzeptabel sind, so daß wir „dazu"gehören. Ohne Groß-Ich würden wir sehr bald mit aller Welt und der ganzen Gesellschaft zerfallen sein, vereinsamen und im Chaos landen.

Wer ist Klein-Ich?

Klein-Ich ist vor allem zuständig für die eigenen Interessen, für körperliche Bedürfnisse, für persönliche Freiheit und Freiheiten und Eigenbrötelei. Ohne Klein-Ich würden wir schon bald überreizte und unzufriedene fanatische, zwanghafte Quengler werden können. Klein-Ich ist zugleich unsere kreative Seite. Klein-Ich sorgt für Tage, an denen man sich mal gehenlassen kann, für herrlich faule Ferien, für Tage, an denen man sich um gar nichts kümmert und sich's gut sein läßt. Hin und wieder, wenn es niemand sieht, unternimmt er lustige und angenehme Sachen und verrät sie niemandem sonst. Klein-Ich kann aber auch tagelang trauern oder schmollen oder die Hände in den Schoß legen – hilfsbedürftig und betrübt.
Trotzdem führt Klein-Ich, wie mit dem Hund, sich selbst aus. Ohne Klein-Ich gäbe es nur wenig Fröhlichkeit bei der Arbeit und im Bett.

Allerdings ist Klein-Ich nicht so zuverlässig, wenn es um Kritik oder um Vorwürfe geht. Seine Spezialität ist eher das Entwischen, Zögern, Ausweichen und Murren. Trotzdem meldet er Kritik und Vorwürfe an (sie werden nur nicht so deutlich geäußert). Er gibt sogar leise geflüsterte Schimpfworte an die Adresse von Groß-Ich: „Sklaventreiber", „Gehirnroboter", „scheinheiliger Ehrgeizling" usw. Aber eher seufzt er klagende und jammernde Sätzchen, um sich zu entschuldigen: „Ich bin so müde ...", „Ich fühle mich nicht wohl", „Es ist aber auch nie genug", „Wenn ich das gewußt hätte ...", „Könnte ich doch noch zurück", „Wie schade ...", „Laß mich doch endlich mal in Ruhe", „Du hast ja recht, aber ...", „Ich werde versuchen, mir Mühe zu geben, aber ..."
Klein-Ich befürwortet nicht nur körperliche Bedürfnisse, sondern spricht auch zumeist über den Körper, um seine Bedürfnisse zu befriedigen, um zu liegen, um berührt zu werden, um außer Reichweite zu sein, um zu schlafen usw. Wenn Klein-Ich irgendwie nicht zum Zuge kommt – man kann auch sagen: unterdrückt wird –, dann spricht er durch körperliche Beschwerden, durch Schmerzen und Wehwehchen. Schmerzen und körperliche Beschwerden sind nämlich eine Sprache, die von der Gesellschaft eher akzeptiert wird, wenn es um Bedürfnisse geht, und sie sind daher auch für Groß-Ich akzeptabel.

Weshalb die Namen: „Groß"-Ich und „Klein"-Ich?

Bei unserer Geburt und in unseren ersten Lebensjahren – wenn wir noch sehr klein sind – haben wir noch keinen „Großen" in uns. Dann ist „Ich" klein, und „Sie" sind groß. Die Funktion des „Großen" nehmen dann zum Beispiel noch die Eltern wahr, die uns rechtzeitig ins Bett stecken, die uns zwingen, die Zähne zu putzen, die uns sagen, daß wir jetzt wohl genug genascht haben, gute Zensuren bekommen müssen, das Spielzeug aufräumen sollen und das Fahrrad in den Schuppen setzen müssen.
Allmählich, wenn wir „größer" werden, übernehmen wir selbst die Funktion der „großen Leute". Wir bekommen dann gewissermaßen einen inneren „Elternteil", der uns bemuttert und bevatert, einen inneren Lehrer, der uns lehrt, einen inneren Pfarrer, der auf uns aufpaßt...
Die Große-Leute-Welt tief in unserem Innern.

Kampf

Erst wenn ein richtiger Krieg zwischen den beiden Polen stattfindet, merken wir, daß es sie tatsächlich gibt. Es sind nämlich zwei völlig gegensätzliche Extreme. Wenn die Funken knisternd überspringen, sehen wir, daß es zwei Pole sind, die energiegeladen gemeinsam ein Kraftfeld bilden. Zum Beispiel: Manchmal bin ich wütend über mich selbst, weil ich am Morgen meine Zeit vertrödele, so daß ich gerade den Zug verpasse. Groß-Ich ist wütend über Klein-Ich, der nicht pünktlich aus dem Bett kam, der dann noch allerlei im Haus herumkramte, als sowieso kaum noch Zeit war, der nicht auf die Uhr schaute usw.
Klein-Ich sabotiert Groß-Ich, wo es nur geht, indem er fast absichtlich ganz langsam macht, indem er nicht auf die Uhr sieht, indem er sich anstellt usw.

In diesem Beispiel wirkt Groß-Ich, als sei er der Starke und Edle. Klein-Ich wirkt schwach und unzuverlässig. In Wirklichkeit haben sie aber beide gleich viel Kraft und Werte einzusetzen.

Wenn Groß-Ich und Klein-Ich sich bekämpfen, dann leiden wir darunter. Wir werden hin- und hergerissen und gelähmt durch enorme Energien, die auch aufbauend wirken könnten, uns aber jetzt nur ohnmächtig machen. Alle Kraft fließt in das nicht endenwollende Gezänk.
Groß-Ich sitzt Klein-Ich im Nacken, und Klein-Ich sabotiert Groß-Ich nach allen Regeln der Kunst. Meistens siegt die Guerrilla-Taktik von Klein-Ich letzten Endes, weil er auch für die körperlichen Bedürfnisse einspringt und weil er mit Krankheit und Schmerzen den ganzen „Betrieb" stillegen kann. Und trotzdem, wenn auch Klein-Ich die besseren Trümpfe hat, erreicht er damit eigentlich doch nicht das, was er will. In diesem Kampf sind letztlich beide Verlierer, egal wie er abläuft, weil auf diese Weise das Leben selbst lahmgelegt wird.

Dieser Kampf ist nicht nur ein kleiner Privatkrieg in unserem Inneren, über den wir uns schämen müßten, sondern er ist ein Kampf „des Menschen". Darum ist es gut, wenn wir miteinander die Dinge angehen und Erfahrungen austauschen. Beispielsweise in der folgenden Übung.

Es kann auch anders sein

Diese Lektion und diese Übung wurden aus der Erfahrung heraus gemacht, daß etwas auch anders sein kann (diese Erfahrung kannst du also auch machen).
Manchmal erinnern die „Ichs" mich an Menschen, die ich einmal kannte. Weil sie zum Beispiel genauso sprechen und sich so verhalten wie Mutter oder Vater oder ein Lehrer (Groß-Ich) oder wie mein kleiner Freund oder meine Schwester, mit denen ich immer zusammensteckte, um lustig zu spielen oder Lausbubenstreiche auszuhecken (Klein-Ich). Es hat manchmal fast den Anschein, als ob diese Bekannten von früher ein wenig in mir hausen. Ganz zu Unrecht zieht man manchmal eine Trennungslinie zwischen den beiden Seiten in uns, als unterscheide man Gut

und Böse. Groß-Ich wäre dann die Autorität, die immer nur das Gute will: Vater, Mutter, die Kirche, dein Schutzengel, deine Lehrerin, deine bessere Hälfte...

Klein-Ich steht dann für den üblen Taugenichts, der nur auf Genuß aus ist (Genießen ist schlecht, aber angenehm!) und der sich nicht für Autorität und Normen einspannen läßt: Pallieter, das Teufelchen in meinem linken Ohr...
Von diesem Gedankengang ausgehend muß das Böse-Ich besiegt und verbannt werden, wenn du nicht willst, daß es dir schlecht ergeht. So konnte man es früher in unserem Kinderkatechismus lesen und auf Abbildungen sehen, aber auch in Kinderbüchern.

Übung: Groß-Ich und Klein-Ich

■ *Erster Schritt*

Groß-Ich meint, daß Klein-Ich auf vielen Gebieten versagt, und er hat einen Waschzettel mit Forderungen, Vorwürfen und Kritik für Klein-Ich.
Zum Beispiel: Im Blick auf Beruf oder Arbeiten, die noch erledigt werden müssen, oder im Blick auf Verpflichtungen, die mangelnden Fleiß betreffen, oder was Klein-Ichs ungehöriges Benehmen angeht.
Hier folgt die Liste (in der 2. Person Singular: „Du...").
Liste der Vorwürfe an die Adresse von Klein-Ich:

– Du ....
– Du ....
– Du ....
– Du ....
– Du ....
Schimpfworte, die dazu gehören oder Spitznamen für Klein-Ich:
Groß-Ich hat außerdem noch einige Bundesgenossen in der Familie, in der Schule oder auf der Arbeitsstelle, die an Klein-Ich dasselbe auszusetzen haben. Schreibe hier die Namen dieser Bundesgenossen auf:

■ *Zweiter Schritt*

Zur Verteidigung gegen die Vorwürfe und Forderungen von Groß-Ich und seinen Trabanten findet Klein-Ich eine ganze Menge Ausreden, Ausflüchte und Finten. Meistens fangen sie an mit: „Ja, aber..."

Nenne einige dieser Ausflüchte:

Oder ... Klein-Ich findet allerlei Schlupflöcher und Auswege, um nur ja nichts tun zu müssen. Zum Beispiel:

■ *Dritter Schritt*

Klein-Ich, der mit Groß-Ich zusammenlebt, hat ebenfalls Kritik an Groß-Ich. Denn: Groß-Ich ist auch nicht so, wie er sein sollte. Klein-Ich könnte eine ganze Liste mit Vorwürfen und Kritik an Groß-Ich anfertigen. Hier folgt die Liste (in der 2. Person Singular). Allerdings sind es meistens Vorwürfe, die nicht laut geäußert werden.
Liste der Vorwürfe an die Adresse von Groß-Ich (Absender: Klein-Ich):

–Du ....
–Du ....
–Du ....
–Du ....
Schimpfworte oder Spitznamen, die an Groß-Ich gerichtet sind:
....
....
....
Auch Klein-Ich hat Bundesgenossen, die ihn stützen: eine gewisse Art von Freunden, einen der Hausgenossen oder andere Haustiere oder einen Kollegen oder eine Freundin.
Namen:
....
....
....

■ *Vierter Schritt*

Klein-Ich läßt es sich nicht gefallen, von Groß-Ich heruntergeputzt zu werden, und macht hier bekannt, was er/sie wohl bieten kann. Klein-Ich hat nämlich recht viele gute Seiten, die manche Menschen auch anerkennen.
Hier folgt die Liste mit positiven Qualitäten, Aktivitäten und liebenswürdigen Seiten von Klein-Ich, ohne sie zu relativieren oder etwas davon zu streichen.

Ein netter oder anerkennender Spitzname für Klein-Ich könnte sein:

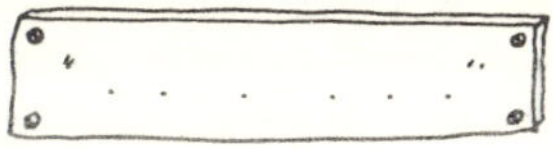

Groß-Ich läßt es sich nicht gefallen, von Klein-Ich heruntergeputzt zu werden, und macht hier bekannt, was er/sie wohl bieten kann. Groß-Ich hat nämlich recht viele gute Seiten, die manche Menschen auch anerkennen.
Hier folgt die Liste mit positiven Qualitäten, Aktivitäten und liebenswürdigen Seiten von Groß-Ich, ohne sie zu relativieren oder etwas davon zu streichen.

Ein netter oder anerkennender Spitzname für Groß-Ich könnte sein:

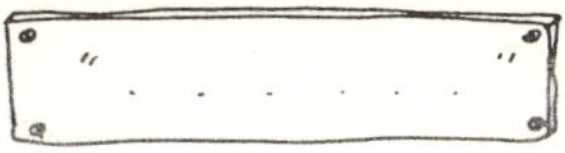

Bundesgenossen, die Klein-Ich manchmal bei dieser Anerkennung hat:
„.....", „.....", „....."

Bundesgenossen, die Groß-Ich manchmal bei dieser Anerkennung hat:
„.....", „.....",

■ *Fünfter Schritt*

Positives Inventar der gesamten Handlung:
Groß-Ich und Klein-Ich sind zwei Seiten meines Ich, die ich beide gleich nötig brauche. Wenn sie einander bekämpfen, geht es mir schlecht. Wenn sie zusammenarbeiten, geht es mir gut. Deshalb folgt hier die Aufzählung dessen, was ich an ihnen habe.

„Mit meinem *Groß-Ich* sorge ich dafür, daß ich ....
......................."

„Mit meinem *Klein-Ich* sorge ich dafür, daß ich ....
......................."

(Warnung zum fünften Schritt: Es ist nicht die Absicht, alles konfliktlos, also in „Friede, Freude, Eierkuchen" zu sehen. Streit gehört dazu. Und ... von Harmonie allein wirst du ganz dumpf ...)

■ *Sechster Schritt*

Tausche deine Erfahrungen, die du bei dieser Übung machst, mit anderen aus. Suche nach Gemeinsamkeiten. Versuche einzuordnen, welches die Erfahrungen und Entdeckungen sind, die die anderen gemacht haben. Vergleiche sie mit dem, was du selber entdeckt hast.

■ *Siebter Schritt*

Versuche in einer Zeichnung auszudrücken, wie Groß-Ich und Klein-Ich zueinander stehen. Wie ihre Beziehung, ihre Zusammenarbeit oder ihr Kampf aussehen. Zeichne sie zum Beispiel gemeinsam in einem Boot oder auf einem Fahrrad oder zusammen in einem Verkehrsmittel. Laß deutlich werden, welche Rolle jeder einzeln in der Gesamtheit spielt, und schreibe dazu oder mache es durch die Zeichnung deutlich, welche wertvollen Eigenschaften beide für das Ganze haben.

Was ist mein eigener Anteil?

Rezepte, sich selbst in Schwierigkeiten zu bringen

Leitfaden: Ein Telefongespräch

– „Hallo, hier ist Paul de Kraai".

– „Guten Tag, hier spricht… (unverständlich). Ich wohne in Heemstede und habe ihre Adresse von Jan F. bekommen. Mir geht's miserabel. Ich glaube, daß ich eine Therapie brauche. Ich stelle mir vor: zuerst eine Weile individuelle Therapie und dann später vielleicht in einer Gruppe. Ich habe einige Male mit Ada gesprochen… Aber wir kommen nicht so gut in Kontakt. Könnten sie mir nicht jemanden hier in der Nähe nennen, der mir helfen kann? Am liebsten hätte ich einen guten Gestalttherapeuten. Einen, dem Sie selbst etwas zutrauen, denn ich kenne hier niemanden (klagende, traurige, kraftlose Stimme)."

– „Ja, hm… (seufzt), hm… (räuspert sich – zwei Minuten Schweigen – kratzt sich inzwischen am Kopf). Ja, hm…, du merkst es, ich kann nichts sagen (fünfzehn Sekunden Stille). Ja (seufzt). Ja (seufzt). Wie heißt du?"

– „Mirjam S."

– „Ja, was hältst du von… Mirjam? Sie wohnt in deiner Nähe und hat keine Warteliste."

– (Erstaunt) „Mich selbst meinst du? Ob ich mir selbst helfen könnte? Meinst du das wirklich?"

– „Ja."

– „Das taugt bestimmt nicht viel. Ich schaffe es nicht. Ich kann mir nicht mehr helfen. Ich suche wirklich einen anderen Menschen" (schmollende Stimme).

– „Wo steckt dein Problem?"

– „Ich bin in einem völligen Chaos und total verstört. Wenn ich nur morgens früh schon denke…" (Stimme wie von einer Seele im Fegefeuer).

– „Halt mal. Nicht weitersprechen. Ich habe einen Vorschlag. Bevor wir an einen Therapeuten denken oder an eine Therapie, sollten wir erst etwas anderes versuchen."
– „Was denn?"
– „Vielleicht hört es sich seltsam an, aber ich hätte gern, daß du mir einen Brief schreibst, in dem 'du' mir genau sagst, was 'ich' 'tun oder lassen' muß, um in das gleiche Chaos zu geraten, in dem du steckst.

Wichtig sind mir vier Punkte: *'du', 'ich', 'tun', 'tun oder lassen',* und *'dasselbe'*:

1. *Du* erzählst. Denn du weißt es. Du bist darin sachkundig aus Erfahrung. Dazu brauchst du dich nur einmal oder einige Male hinzusetzen und dir genau vor Augen zu halten, was du tust. Nicht, was geschah oder über dich kam oder welche unangenehmen Dinge andere Menschen hierbei getan haben. Nein, das, was 'du' tatest.

2. Was *ich* tun muß. Ein Brief also in der zweiten Person Singular an mich, Paul de Kraai, gerichtet: 'Zuerst mußt du dies tun und dann das, und du darfst vor allen Dingen nicht unterlassen, jenes zu ...' usw. Schritt für Schritt, so daß ich unweigerlich in den gleichen Schlamassel gerate, in dem du jetzt steckst.

3. Was muß ich *'tun'* oder *'lassen'*. Aktiv. Nicht, was mir dabei geschieht. Nein, meinen Anteil, den ich zur Produktion dieses Chaos beitragen muß, und nicht mehr.

4. *Dasselbe* Chaos. Denn du hast ein eigenes Rezept, nach dem du dir deine eigene Suppe einbrockst. Bis jetzt ist das dein Geheimrezept, aber darum bitte ich dich nun. Dieses geniale Rezept liegt jetzt noch verborgen unter deinem Jammern und Klagen über die Umstände. Natürlich sind die Umstände scheußlich, aber daß sie für dich destruktiv sind, dazu tust du etwas, und genau das will ich wissen."

– (Lacht) „Das Rezept könnte ich dir wohl geben. Obwohl ..., darüber muß ich doch noch einige Abende nachdenken, um herauszubekommen, wie ich es eigentlich mache."
– „Laß uns danach entscheiden, ob dann noch ein Gespräch nötig ist. Ich bin gespannt."

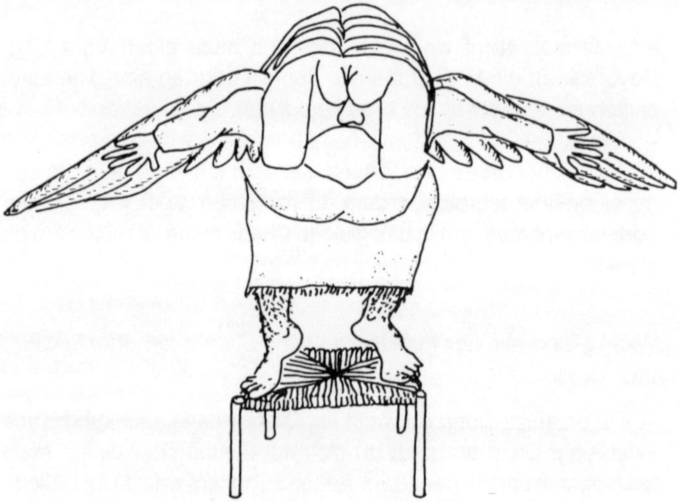

– „Ich tu's (klingt energisch). Vielleicht ist das sogar ein guter Gedanke. Ich schicke es Ihnen innerhalb einer Woche."
– „Viel Vergnügen mit deiner Hausaufgabe. Ich lege jetzt auf, denn ich habe hier noch ein Gespräch mit jemand anderem. Das war nur mal eben so dazwischen. Aufwiederhören!"

Einleitende Theorie

Welchen Sinn haben diese seltsamen Rezepte?

Es gibt eine Reihe guter Gründe, einmal ganz genau aufzuschreiben, wie wir unsere Probleme „machen":

☐ Wir betreiben auf diese Weise eine Art „Untersuchung", um uns selbst helfen zu können, um uns und andere wieder in Schwung bringen zu können.

☐ Als Mitverursacher einer Situation fühlt man sich immer wohler, denn als Opfer derselben Situation.

☐ Wir haben Geheimnisse, die eine vernichtende Macht über uns haben, solange wir sie verborgen halten. Durch solch ein Rezept kannst du das dunkle Geheimnis ans Tageslicht bringen.

☐ Hierdurch kannst du dir ein Stückchen verlorener Macht über dein Leben aufs neue aneignen.

☐ Die Sprache (deine Art zu denken und zu reden) kannst du auf diese Weise zu deinem Vorteil statt gegen dich nutzen.

Erforschung als Form gegenseitiger Hilfe und Selbsthilfe

Solch ein Rezept herzustellen ist eine Form der Untersuchung. Es ist besser, ein unerfahrener Forscher, als der Dumme zu sein. Untersuchen bedeutet nicht: auslegen, erklären, deuten und Diagnosen stellen, denn das sind häufig nur versteckte Arten des Klagens. Du machst dich dadurch nur selbst zum Opfer dessen, was andere und die Umstände dir alles angetan haben und noch antun. Untersuchen bedeutet hier: die konkreten Gegebenheiten sammeln, die dir sagen, „wie" du es „machst". Nicht, „warum" du es tust. Anhand dieser Rezepte können Menschen, die mit Schwierigkeiten zu kämpfen haben, selber den „Produktionsprozeß" (wie du es machst) ihrer Probleme klären.
Sozialarbeiter, Psychologen oder Psychiater braucht man nicht unbedingt dazu. Du mußt selbst nur einmal auflisten, wie du deine Probleme – vielleicht schon seit Jahren – herstellst, als Produzent, d. h. als Sachkundiger dieses Erzeugnisses. Es ist angenehmer, auf dem Stuhl des Sachkundigen zu sitzen, als auf dem Stuhl des Opfers.
Jemand, der genau auflisten kann, wie er seine Ängste produziert, kann auch einen anderen lehren, herauszufinden, wie er selbst dieses Produkt erzeugt. Auf dem Stuhl des Sachkundigen sitzt er, weil er etwas kann. Selbstbewußt also, und nicht wie der angeblich gescheiterte Patient. Das ist etwas anderes, als im Schmollwinkel zu sitzen, in dem er nur seufzen kann: „Ich weiß nicht mehr weiter!"

Die Macht des Verborgenen

Probleme sind Probleme, weil sie etwas Geheimes, Verborgenes enthalten, das uns unter der Knute hält. Das Geheime, Verborgene, das uns am nächsten liegt und uns zutiefst machtlos macht, ist wohl das, was unseren eigenen Anteil an den Ursachen unseres Elends ausmacht. Solange dieser Anteil verschwommen, unbewußt oder verborgen bleibt, können wir „nichts daran ändern". Es ist dann alles eben nur Schicksal. Indem diese Rezepte angefertigt werden, wird das Verborgene bloßgelegt und verliert dadurch seine destruktive Kraft.

Sich die eigene Macht aneignen

Ein Rezept zu machen bedeutet also auch: dir die Macht, die du tatsächlich über dein Leben hast, wieder zueigen zu machen. Wenn dir genau bewußt ist, was du tust oder zu tun unterläßt, um dich selber in Schwierigkeiten zu bringen, dann weißt du auch genau, was du lassen könntest – wie du aufhören kannst, dein eigener Feind im verworrenen Netz der „Verhältnisse" zu sein. Wie du selbst der Verursacher deiner eigenen Schwierigkeiten bist, so hast du auch Macht über sie. Wenn du dir, ohne dich selbst zu verurteilen, anschaust, wozu du deine Macht einsetzt, dann kommst du an deine Energie heran. Es ist nicht so wichtig, daß du herausfindest, wie du diese Kraft falsch gebrauchst: gegen dich selbst, um dich selbst ohnmächtig zu machen, um gar nichts zu tun usw.
Wichtig ist allein: daß du deine Kraft entdeckst, die eigene Energie, die ja vorhanden ist.

Hinweise und Ratschläge zur Herstellung des Rezepts

Der Titel

Benennt ein Therapeut das Problem eines Klienten aufgrund seines Fachwissens im Stile von: „Du machst dich abhängig, du erpreßt die anderen, du spielst ein Spielchen" (hörst du den strafenden oder herabsetzenden Ton?), dann kann ein Klient damit kaum etwas anfangen.
Der Titel des Rezepts muß ausdrücken, wie du „bist", wenn du mit deinen Problemen dasitzt: „durcheinander", „einsam und verzweifelt", „unverstanden", „gedemütigt", „machtlos", „furchtsam", „die Dinge ständig verschlimmernd" usw. Die Verbindung zu dir selbst muß das Wichtigste sein und nicht eine Abhandlung über irgendein fesselndes oder langweiliges Thema. Der Titel des Rezepts ist das unangenehme Produkt, das du selbst herstellst. Den Titel des Rezepts kannst du darum am besten davon ableiten, wie du dich selbst in deinem Problem *erfährst*.

Dazu gehört dein Schmerz und deine Enttäuschung – nicht irgendeine Erklärung oder Deutung, wie es sich mit dem Problem verhält. Deine Erfahrung, dein Schmerz: Das bist du selbst.
Zum Beispiel: „Ich merke, daß ich schon nach zwei Tagen wieder Kopfschmerzen bekomme, obwohl ich gerade erst aus dem Urlaub zurück bin." Der Titel lautet dann: „Rezept, während der Arbeitszeit Kopfschmerzen zu bekommen."
Oder: „Ich fühle mich unter Menschen immer kalt und starr werden, das ist zum Verrücktwerden." Der Titel wird dann: „Rezept, in Gesellschaft kalt und starr zu werden."
Oder: „Ich bekomme keinen Kontakt mehr zu meinem Ehepartner. Ich kann ihm nichts mehr über mich selbst erzählen. Das ist so unerträglich, daß ich ihn am liebsten ganz verlassen möchte." Der Titel wird in diesem Fall: „Rezept, mit deinem Partner keinen Kontakt mehr zu bekommen."
Wichtig ist, daß der Titel des Rezepts nicht auf Veränderung und Verbesserung ausgerichtet ist. Etwa: „Rezept, um weniger aggressiv zu sein", „Rezept, besser mit Nachbarn auszukommen" oder ähnliche sogenannte positive Rezepte sind hier vom Übel. Warum? – Weil die Person, um die es geht, nicht in der Frage Experte ist, was sie sein möchte oder sollte oder was sie tun möchte oder sollte, sondern allein darin, was sie ist oder tut.
Diese Rezepte bezwecken ja nicht, daß man sich etwas an- oder abgewöhnt, sondern daß man selbstbewußt mit dem eigenen Tun umgeht. So daß du, was du auch tust (z. B. rauchen oder zu rauchen aufhören), eine bewußte Entscheidung triffst.

Die zweite Person

Es ist notwendig, das Rezept für einen anderen aufzuschreiben, für eine(n) Freund(in), für Gruppenmitglieder oder auch für einen Therapeuten, um ihm genau zu erklären, wie er es anstellen muß, in die gleiche Patsche zu geraten, in der du jetzt sitzt.
Das Rezept wird also in der zweiten Person geschrieben. Auf diese Weise bekommst du mehr Abstand zu deinen Problemen.
Es ist notwendig:
a) um sie klar im Blick zu haben (ohne Abstand ist keine Bildschärfe möglich);

b) weil mindestens 80 % unserer Probleme aus Mangel an eigenem Abstand entstehen;
c) um aus dem Treibsand des Klagens, der Selbstbezichtigungen und anderen Gejammers herauszukommen.

Wenn du es in der ersten Person (der Ich-Form) schreibst, gerätst du viel zu leicht ins Selbstmitleid. Wenn du dich selbst bemitleidest, sinkt automatisch dein I. Q. Das kannst du dir gerade dann nicht leisten, wenn du deinen ganzen Grips brauchst, um herauszufinden, wie das alles bei dir funktioniert. Dann kannst du auch hinterher leichter mit anderen darüber sprechen: als Sachkundiger aus Erfahrung und nicht als Opfer des Schicksals.

Rezepte für die Gesellschaft?

Inwiefern haben diese Rezepte auch soziale Bedeutung? Du konzentrierst dich mit diesem Ansatz recht einseitig auf das Stückchen Verantwortung, das du persönlich hast als Mitproduzent der Misere, während diese Mißstände zugleich ein Produkt der näheren Umwelt und der Gesellschaft als Ganzes sind. Ein Produkt der Familie, aus der du stammst, der Rolle als Mann oder als Frau, der Konkurrenz, vor der du dich beweisen mußt, der begrenzten Freiheit des Denkens, Wohnens und Planens, die man dir läßt.
Manche Probleme sind so sehr ein Produkt der Gesellschaft, daß wir uns unter einen unsäglichen Druck stellten, wenn wir uns dafür selbst verantwortlich machen wollten. Um zu überleben, ist es oft notwendig, uns gesellschaftlichen Tendenzen weitgehend anzupassen, die wir nicht bejahen. Das ist mehr, als für unsere Gesundheit bekömmlich ist, und geschieht oft nur aus dem Grunde, weil wir unsere Stellung, unseren guten Namen, unsere Wohnung, eine Beförderung oder die Altersversorgung nicht gefährden wollen.
Es wäre auch nicht ehrlich, die Verantwortung für gesellschaftliche oder organisatorische Veränderungen, die sich meistens in Jahrzehnten oder manchmal gar in Jahrhunderten vollziehen, uns selbst aufzuladen, als ob sie in der eigenen Verantwortung lägen. Das ist eine Anmaßung, mit der wir uns den Atem nehmen.
Und trotzdem sind diese persönlichen Rezepte auch gesellschaftlich relevant, und zwar aus folgenden Gründen:

1. Menschen, die Probleme haben, können auf diese Weise mit der Hilfe eines klarsehenden Nachbarn, einer klugen Nachbarin, eines Freundes oder einer Freundin in eigener Regie etwas daran ändern. Bei über der Hälfte der Fälle brauchte dann meiner Erfahrung nach kein Therapeut eingeschaltet zu werden, der zweitens teuer ist und erstens leicht dazu neigt, sich unrechtmäßig die Probleme anderer Leute zur Lösung anzueignen.
Man darf sich nicht zu schnell professionellen und manchmal abhängig machenden Kräften ausliefern; sich nicht selbst vorschnell unfähig erklären im Blick auf die eigenen Angelegenheiten; das zeugt meiner Ansicht nach nicht nur von gesundem Menschenverstand, sondern ist auch eine soziale Tat in unserem Versorgungsstaat.

2. Es gibt auch Therapeuten und Hausärzte, die sich nicht einfach von Klienten einspannen lassen, die ihre Probleme loswerden wollen: „Übernehmen Sie es doch bitte. Hier liegt mein Päckchen. Soll ich mein Tagebuch auch hier lassen? Sie wissen sicher ein Heilmittel. Sie haben doch dafür studiert. Ich rechne auf Sie." Gute Therapeuten oder Hausärzte können die Abhängigkeit mancher Patienten herabsetzen, indem sie ihnen als Hausaufgabe aufgeben, Rezepte zu schreiben, anstatt selbst fertige Rezepte anzubieten.
Wenn sie die Energie der Patienten einsetzen (wo diese auch immer investiert sein mag) und nicht gleich ihre Berufsqualifikation an deren Stelle setzen, machen sie auch gleichzeitig ihre eigene Rolle deutlich.

3. Indem wir unseren eigenen Anteil an der Produktion der Misere abstecken, trennen wir gleichzeitig ab, was nicht unserer Verantwortung unterliegt, sondern Anteil der Gesellschaft, der Organisation oder der Gruppe ist. Die Verantwortung für Dinge, die Menschen gemeinsam verursachen, darf niemand sich alleine aufladen.

4. Dein Anteil ist jedoch auch gleichzeitig dein Ort. Der einzige Ort, an dem du selbst etwas (und sei es noch so wenig) tun kannst. Hier hast du die Situation persönlich in der Hand. Dein Anteil ist gleichzeitig deine Energie. Es ist der Ort – wie klein er auch sein mag –, an dem du nicht von den Umständen abhängig bist.

5. Die Rezeptmethode ist zugleich ein brauchbares Instrument für Arbeits- und Therapiegruppen, in denen Menschen einander helfen, die Dinge, die ihnen entgleiten, wieder in den Griff zu bekommen. Jedesmal, wenn es jemandem gelingt, ein Rezept für sich in eine gute Form zu bringen, zeigt sich, daß die anderen Gruppenmitglieder darin erkennen, wie sehr sie davon profitieren können. Sie profitieren mehr davon, weil in lebendiger Erfahrungssprache Klarheit vermittelt wird.

6. Und schließlich: Diese persönlichen Rezepte sind nicht nur gesellschaftlich wertvoll, sondern wir können auch gesellschaftliche Rezepte machen, mit denen wir im Gruppenverband gesellschaftliche Veränderungen anstoßen können.

Einige Beispiele, geschrieben von Kursteilnehmern

☐ *Rezept, in Depression zu versinken*

Ein Anlaß läßt sich leicht finden: Es geht dir nicht besonders gut, weil du schlecht geschlafen hast, weil dich deine Kollegen kritisiert haben oder weil sich deine Freundin nicht ganz so begeistert zeigt, wie du das gerne möchtest.
Nun fängst du an, dir selbst zu sagen, daß dieser Trübsinn, der dich befallen hat, doch nicht von ungefähr kommt. Du machst dir klar, daß du nichts zu bieten hast: dir selbst nicht, deinen Hausgenossen nicht und ebensowenig deinen Kollegen.
Das wirkt: Ein unbestimmtes, vages Gefühl steigt in dir hoch, das Leib und Seele mit Trübsal durchdringt. Es ist, als ob du dir ein Gift einspritztest, das dich dösig macht und lähmt und dich in ein schwarzes Loch saugt. Dann mußt du möglichst stillhalten und in irgendeiner Ecke grübeln wie Hiob auf dem Misthaufen. Unternimm nichts. Lauf nicht dreimal ums Haus, damit etwa dein Kreislauf wieder in Schwung und die verbrauchte Luft aus den Lungen herauskäme. Fang nun an, dich deinen Hausgenossen und Kollegen gegenüber schuldig zu fühlen: „Ich kann ihnen nichts geben." „Ich schäme mich so darüber, wie ich jetzt bin."

„Ich bin ja nahezu neurotisch." „So wie ich jetzt bin, muß jeder wohl endgültig genug von mir bekommen." Und dann mußt du dich selbst sozusagen entschuldigen, daß du überhaupt lebst. So gibst du dich ganz dem Sog des schwarzen Lochs hin.
Dies ist der geeignete Augenblick, über das Leben zu philosophieren, über die Menschen, über die Gesellschaft, über unser Klima usw., und all diese Dinge in den vier vorherrschenden Farben zu sehen, über die du momentan verfügst: Schwarz, Schwarz, Schwarz und noch einmal Schwarz.
Das verfehlt nie seine Wirkung! Nicht nur, daß nun alles schwarz erscheint, sondern der Grund unter deinen Füßen wird außerdem zu Schlamm, in dem du immer tiefer versinkst. Die Dünste brennen dir inzwischen schon in der Kehle, machen dir den Kopf mürbe und die Augen starr vor schwachsinniger Jämmerlichkeit. Auf diese Weise erreichst du, daß es auf der ganzen Welt nur noch deine Depression gibt. Alles, woran du denkst, und alles, was du fühlst, kannst du dann zu einem Beweis für dein totales Versagen dir selbst und anderen gegenüber machen. Wenn du dir in diesem Augenblick einen Schnaps einschenken solltest, mußt du dir aber auch sofort vorwerfen, *daß* du dir einen Schnaps einschenkst. Wenn du dich an deine Freundin anlehnst, mußt du dir vorwerfen, *daß* du dich so abhängig benimmst, so daß du in Wahrheit nicht bei ihr bist, sondern in deinem dunklen Loch.
Schließlich versuchst du dann diesen „Berg des großen Kummers" zu analysieren. Ein Steinchen nach dem anderen. Von nun an gibt es auf der ganzen Welt nur noch Bitterkeit, Schuld und Selbstanschuldigungen.
Am liebsten wärest du dann tot; und gleichzeitig wirfst du dir vor, daß du überhaupt solch einen Wunsch hast...

□ *Was du tun mußt, um keinen Sinn mehr in deiner Arbeit zu sehen und auch sonst nirgendwo*
(Rezept einer Krankenpflegeschülerin, die dies schon nach zwei Monaten ihrer Lehrzeit heraushatte)

Sag dir gleich zu Anfang: „Ich muß alles so schnell wie möglich verstehen." Sorge dafür, daß du dir keine Zeit gönnst, um dich an die neue Arbeitssituation zu gewöhnen. Erwarte von dir selbst, daß du von Anfang an auf alles so reagieren mußt, wie das eine routinierte Krankenschwester tun würde.

Hast du etwas erledigt, eine Behandlung, ein Gespräch, einen Bericht angefertigt, dann grübele nach, ob du es wohl richtig gesagt oder gemacht hast und ob du es nicht besser oder schneller hättest schaffen können. Präge dir ein: „Ich darf nicht zufrieden mit mir sein, denn wenn ich zufrieden bin, treibt mich nichts weiter. Dann könnte ich gar bei diesem zufriedenen Gefühl stehenbleiben. Und das darf auf keinen Fall sein. Denn es gibt so vieles, was ich noch nicht kann." Halte dir das immer wieder vor und sporne dich an. Denke außerdem darüber nach, was du nicht richtig machst, wie träge du noch immer bist, und hau dir dafür eine runter, jedesmal einen Klaps, bis es dich verrückt macht.

Als nächstes redest du dir ein, daß die hohen Anforderungen, die du an dich stellst, nicht von dir stammen, sondern daß Kollegen und Patienten so viel von dir erwarten. Sind Patienten mal lästig und machen Schwierigkeiten, und du erkennst darin Anteile von dir selbst, dann schlage die Hände vors Gesicht und sage: „Ach nein, nein, was tue ich hier denn nur als Krankenschwester? Bin ich nicht selbst Patient?"

Lobt dich jemand, so denke: „Das meint er doch nicht ehrlich. Solche Komplimente sollte ich lieber gleich vergessen, sonst könnte ich mich mal darüber freuen und mir vielleicht nicht mehr so viel Mühe geben."

Kritisiert dich aber jemand, dann mußt du das aufbauschen, es dir gut einprägen und im Gedächtnis behalten. Denn in dieser Richtung mußt du weiterdenken. Kritik an irgendetwas, das du getan hast, mußt du dabei als völlige Ablehnung deiner Person betrachten.

Schon bald wirst du feststellen, daß du nirgendwo mehr einen Sinn siehst. Du fühlst dich müde und schwer. Du hast Kopfschmerzen und Schmerzen in den Schultern. Damit bist du auf dem richtigen Weg.

Um das Rezept jedoch vollkommen abzurunden, sagst du dir dann: „Siehst du wohl – es geht nicht. Es hat keinen Sinn mehr!" Hiermit mußt du dich nun abfinden. Denke nicht darüber nach, ob es noch andere Möglichkeiten gibt. „Ich gebe auf", sagst du. „Es ist alles zu groß und so schwer. Es hat keinen Sinn, zu versuchen auch nur etwas zu ändern. Ich muß hier weggehen. So ist das Leben nun mal." Sei sicher, daß du Erfolg haben wirst!

☐ *Rezept, damit du wie eine Klette an deinem Partner hängst und nicht tust, was du selber möchtest*

Ausgangssituation: Du bist ein bißchen traurig. Eigentlich möchtest du jetzt gerade nichts tun oder nur mal einfach eine Stunde ganz allein sein.

Rezept: Geh nicht in ein anderes Zimmer oder auf den Markt oder ein Stückchen in den Wald, sondern sage dir: „Solche Stimmungen müssen wir miteinander teilen können." Also bleibst du sitzen. Verzieh den Mund zu einer strengen Linie, zieh das Kinn an – und schweige. Sieh hin und wieder aufmerksam umher, damit dir eventuell noch etwas auffällt, woran du herumnörgeln könntest. So wird deine trübe Stimmung immer mieser. Führe deinem Partner dieses Schauspiel eine Weile vor.
Rückt er nun ganz einfach etwas näher an dich heran, dann werde gleich ausfallend: „Laß mich in Ruhe! Kümmere dich um dich selbst! Rutsch mir den Buckel runter!"
Wirf ihm alles vor, was du selbst unterlassen hast. Überschütte ihn mit Worten, ohne jedoch wirklichen Bezug zu ihm zu haben. Hüte dich, auch nur kurz nachzulassen. Sag vor allem nicht: „Ich möchte jetzt gerne eine Weile alleine sein. Ohne dich."
Auf diese Weise verstärkst du dein Bedürfnis nach etwas mehr Abstand zu ihm und gleichzeitig nach den „viel besseren" Beziehungen zu anderen. Wenn du dann all diese inneren Gedankengänge nicht mehr aushältst, sagst du dir selbst: „Ich sollte mich lieber scheiden lassen." Geh aber auch jetzt noch nicht aus dem Zimmer, sondern nutze all deine Energie und deinen Einfallsreichtum, damit du erreichst, daß er allmählich genau so sauer wird wie du. Verteile weiter herabsetzende „Seitenhiebe" und bringe ihm in allen möglichen und unmöglichen Variationen bei, wie falsch er sich verhält. Stoße ihn von dir, wie ein Stück Dreck. Je härter du ihn abstößt, um so mehr wird er dir am Rockschoß hängen.

Achtung: Vergiß so bald wie möglich den Ausgangspunkt (siehe oben). Sage vor allem niemals: „Ich bin ...", „Ich möchte ..."

Sieben Regeln zur Verbesserung des Rezepts

Indem du auf Sprachregeln achtest, kannst du das Rezept so entwerfen, daß es stimmt: daß es wirksam werden kann. Es geschieht nämlich recht häufig, daß jemand etwas macht, was einem Rezept ähnlich sieht, das aber keineswegs auch eins ist. Es gelingt ihm sogar durch das Rezeptmachen, sich selbst eine Fallgrube zu graben. Diese Fallen können wir ermitteln, indem wir Satz für Satz sehr sorgfältig auf die Sprache achten.
Es folgen deshalb sieben Regeln, die wir beachten müssen, um zu erkennen, ob und in welchem Maß solch ein Rezept „gut" gemacht ist. Ohne sich mit dem eigentlichen Problem zu befassen, kann ein Helfer zur Lösung beitragen, indem er anhand dieser Regeln nötigenfalls hilft, das Rezept zu verbessern.

1. Einfaches Präsens (manchmal als versteckter Imperativ gebraucht): Du gehst, du tust.	Wird eindeutig in den Imperativ umgesetzt: Geh, tu das, oder: du mußt gehn.
2. Hoffe, denke, begreife, daß; fürchte, daß; wage nicht; fühle dich... usw. sind Ausdrücke, die häufig gebraucht werden, um Prozesse anzudeuten, die „über dich kommen".	Sie müssen mit aktiven Ausdrücken umschrieben werden, aus denen ersichtlich wird, daß du selber daran mitwirkst: „Bilde dir ein, daß..." oder: „Sage dir, daß..."
3. Umstände werden beschrieben, die die Situation stark beeinflussen, die aber nicht von dir abhängen.	Die Umstände werden beschränkt auf die eigenen Anteile daran, um den Blickwinkel auf den Punkt zu konzentrieren, von dem aus Veränderung möglich ist (von deinem Anteil her).
4. Nicht reflektierte Phantasien über das, was andere fühlen oder denken mögen.	Sie werden deutlich als Produkte der eigenen Phantasie beschrieben und nicht als Tatsachen.

5. Über unvermeidbare negative Umstände quengeln und nörgeln.	Sie werden entweder gestrichen oder deutlich als selbstproduzierte fatalistische Phantasien beschrieben.
6. Bericht über negative Gefühle, Stimmungen und Gedanken, die Macht über dich haben (siehe auch 2,3 und 5).	Sie werden ersetzt durch den Bericht, wie du sie produzierst.
7. Erklärungen, Ursachen, Fragen nach dem Warum.	Diese werden ersatzlos gestrichen.

„Um der zu werden, der du noch nicht bist, mußt du den Weg gehen, auf dem du es nicht bist."
Juan de Yepez

„Wenn jemand zu Papier bringen kann wie er es schafft, sich selbst unglücklich zu machen, dann ist es durch dieses neue Bewußtsein unmöglich, noch weiterhin genau so töricht in dieselben Fallen zu laufen."

„Keiner ist sachkundig in dem, was er sein oder tun sollte. Er ist es allerdings in dem, was er ist und tut."

8. LEKTION

Träume

Einleitende Theorie

Über Träume ist schon viel geschrieben worden. Über Traum- und Schlafphasen. Über die Grimassen, die man während des Träumens schneidet. Über Pulsfrequenz, Blutdruck und Atem während der Traumaktivität. Über die kurzen Streiflichter, in denen Träume sich abspielen können. Die langen Stunden, die sie anhalten können. Den Zusammenhang von Träumen und sogenannten krankhaften Zuständen (pathologische Traumdeutung). Über den REM-Schlaf (REM = rapid eye movements): Eine Periode des Schlafs, in der sich die Augäpfel ständig bewegen und die Traumaktivität erhöht ist. Über die unmittelbaren Traumstimulanzien: wie im Traum nachhallt, was wir am Vortag erlebt haben.
Über all diese Dinge wollen wir hier nicht sprechen, sondern über das Träumen als solches. Was ist Träumen? Was hat man von dieser Tausend-und-eine-Nacht-Beschäftigung? Was bringt es uns? Zuhause beim Frühstück und nicht in irgendeinem Laboratorium. Was erzählen Träume dem Menschen? Wie kann man auf sie achten, ohne daß sie einen verwirren?

In unseren Träumen tun wir Dinge, die nicht sein dürfen. Die nicht mit unserer guten Erziehung übereinstimmen, mit unserer Einschätzung nach erreichten Diplomen, mit unseren Glaubenssätzen, mit der öffentlichen Ordnung und den guten Sitten.
Die Zensur drückt nachts ein Auge zu. Dann geschehen Dinge, die nicht mit dem Bild, das wir von uns haben, übereinstimmen. Dabei möchten wir doch so gerne, daß es nicht nur ein Bild, sondern Wirklichkeit wäre. Denn dieses Selbst-Bild ist zugleich unser Ausweis, den wir brauchen, um in dieser Gesellschaft akzeptiert und wertgeschätzt zu werden.
Träume sind keck und ungezogen.

Geheimnisse in verschlüsselter Sprache

In der Nacht, wenn niemand zusieht oder lauscht, wenn die Polizisten des „Müssens“ ihren Dienst quittiert haben, dann spreche ich anders. Dann sage ich mir Dinge, die ich am Tag nicht auszusprechen wage oder nicht sagen darf – ganz im Verborgenen, in einer Sprache voller ungewohnter Bilder und märchenhafter Erzählungen – geheimnisvoll, voll eines geheimen Sinnes.
Derjenige, der in meinen Träumen zu Wort kommt, ist ganz leibhaftig. Die Botschaften, die er sendet, kommen mir aus dem Blut, aus den Knochen, aus jeder Faser, aus den Hoden. In meinem Körper sind die Spannungen, in denen ich lebe, gespeichert, die gesellschaftlichen Kraftfelder, die mich durchdringen, die Art, wie ich meinen Terminkalender vollgestopft habe mit Arbeit und Verabredungen, die hohen Normen und Forderungen, die ich an mich selbst stelle, die Anforderungen, die wie eine Hypothek auf mir liegen, und die amourösen.
Meine Träume kommen aus dem Teil meines Ich, in dem Denken, Fühlen, Körper, Geist, Phantasie, Beziehung und Gesellschaftsfähigkeit noch nicht in getrennte Bereiche einsortiert sind, wo ich noch ein Ganzes bin – ein Weiser.

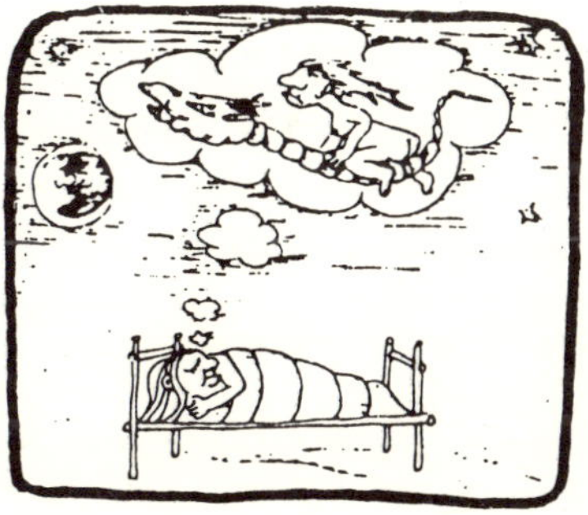

Was ist Träumen?

Träumen gehört zum Schlafen, Ausruhen, Regenerieren, Gesunden. Sie stehen in Beziehung zu den Dingen, die in unserem Körper, unserem Geist und in unserem Kontakt zur Außenwelt geschehen.
Ich denke mir das so, daß da ständig – im Hintergrund unseres

Bewußtseins – ein breiter Strom von Bildern ist, die etwas mit unseren Erlebnissen von gestern, vorgestern und früheren Zeiten zu tun haben. Es ist ein Energiestrom, der die Spannungsfelder unseres Lebens widerspiegelt und dadurch wiedergibt, wie wir existieren: in Ruhe und Unruhe, Ängsten und Pflichten, Kummer und Entbehrung, Erleichterung und Glück, Sehnsucht nach Gerechtigkeit oder Rache. Was ist Träumen eigentlich? Ist es der „Bildende Künstler" oder der „Stille Genießer" in uns, der sich in der Nacht auslebt? Wie dem auch sei, wir können dadurch klüger werden, und zwar in dem Sinne, daß wir Dinge genießen können, die am Tage nicht für uns erreichbar sind. Wir bekommen Antwort auf unbeantwortete Fragen. Unsere tiefsten Ängste, die wir tagsüber mit Vehemenz verleugnen, dürfen sich zeigen. So wird das innere Gleichgewicht wiederhergestellt und damit zugleich auch unsere Gesundheit.

Wovon träumen wir?

In unseren Träumen dringen aus diesem inneren Strom Dinge ans Licht, die sonst an unserem Bewußtsein vorbeifließen würden. Diese Dinge treten nicht umsonst hervor. Sie sagen Bedürfnisse, Interessen, Erkenntnisse und Gefahren an.
„Schweine träumen von Eicheln, Gänse von Mais, Hühner von Gerste", sagte Freud. Und der Mensch?
In unseren Träumen sehen wir die geheimen Wünsche und Erkenntnisse, die unseren Weg bestimmen. Welche Wünsche? Welche Erkenntnisse? Um darüber mehr zu erfahren, müssen wir von unseren Träumen lernen. Auf sichere und einfache Art lenken sie unsere Aufmerksamkeit auf Dinge, die wir tagsüber nicht sehen, nicht sehen wollen oder nicht klar sehen... Sie halten uns auf dem Laufenden über das, was gerade im Gange ist, was gut für uns ist und was nicht, über die eigentlichen Dinge, was mit diesem Leben anzufangen ist, wenn wir möchten, daß es stimmig ist. Heiraten oder nicht? Sich trennen oder nicht? Sich vom Arzt behandeln lassen oder um-Gottes-Willen nicht? Im Blick auf das innere Ministerium für „Gesundheit und Lebensangelegenheiten" sind sie die höchste Autorität.
Allerdings auch eine Autorität, die sich leicht verdrängen läßt. Die bescheiden auftritt wie jede echte Autorität, die wesentliche Dinge betrifft...

Gleichzeitig halten Träume uns einen Spiegel vor, in dem wir unsere eigenen Überzeugungen erkennen können. Wir sehen, wie wir mit uns selbst umgehen; wie wir unser Leben organisieren und einrichten mit allen entsprechenden Folgen; welche Qualitäten und Sehnsüchte wir in uns verborgen halten; wo unsere Stärke liegt und wie wir uns mit dieser Stärke glücklich oder unglücklich machen; welche Talente und Fähigkeiten wir haben, die wir gerne verleugnen möchten...
Sie sagen uns, wie wir uns in diesem Leben wappnen können gegen Schmerz, Ungewißheit, Kummer. Aber auch gegen Glücklichsein, gegen Leben, gegen Risiken, gegen Beziehungen. Wenn wir mit irgendetwas nicht zurecht kommen, ist es deshalb gut, „eine Nacht darüber zu schlafen". Dieser Satz gilt schon seit Jahrhunderten.

Ausgangspunkte

Man könnte etwa davon ausgehen, daß Träume dich überfallen aus Bezirken, die du nicht beherrschst; daß Träume analysiert werden müssen von Psychiatern und ähnlich Gelehrten, weil sie bedrohliche Botschaften übermitteln, nichts zu tun haben mit dem alltäglichen Leben und nur darauf aus sind, uns sehr raffiniert in die Irre zu führen; und daß man vor allem untersuchen muß, aus welchem vorhandenen Material die Traumbilder gemacht sind...
Wovon man ausgeht, dorthin kommt man auch wieder.

Die folgenden *fünf Ansatzpunkte* gehören zu der Art, wie wir hier Träume angehen wollen (es gibt sicher noch andere Möglichkeiten, aber diese Art ist unserer Erfahrung nach eine, die zutrifft):
a) Deine Träume machst du selbst.
b) Träume interpretieren sich selbst.
c) Sie sagen uns, wie wir jetzt sind; sie sprechen von unseren Wahrnehmungen, unseren Gedanken, Gefühlen, Wünschen und Interessen.
d) Träume sprechen in Gegensätzen.
e) Sie sind gewöhnlich kein Futter für Sachverständige, sondern sie gehören zum Frühstück.

Wenn wir hiervon ausgehen, dann landen wir:
a) bei unsererer eigenen Autonomie;
b) bei dem, was die Träume selbst über sich sagen;
c) beim Hier und Jetzt;
d) bei den Spannungsfeldern des Lebens;
e) beim Frückstückstisch.

a) Deine Träume machst du selbst

Sie besuchen dich nicht. Sie verfolgen dich nicht. Sie überfallen dich nicht. Sie kommen nicht von ungefähr. Du bekommst sie nicht geschenkt. Sie werden dir nicht gegeben. Deine Träume machst du selbst.
Du nimmst dir zwar nicht vor: Heute Nacht werde ich mal träumen, um dies oder jenes zu klären. Trotzdem sind Träume dein eigenes Machwerk ... nicht ohne Grund. Kein anderer als du selbst kann daher die Bedeutung deiner Träume begreifen oder erklären. Auf diesem Gebiet bist du der einzige Sachkundige.

b) Träume interpretieren sich selbst

Freud versuchte, jeden Traum auf Wünsche und Konflikte in der frühen Kindheit zurückzuführen. Damit zwang er die Bedeutung der Träume in eine bestimmte Richtung. Diese Bedeutung mußten sie – gegen alle Zweifel – dann auch haben. Notfalls konnte man ja einen Seelenarzt heranziehen, um sie in diese Zwangsjacke zu bekommen.
Träume durften nun nicht mehr ihre eigene Aussage machen, sondern sie wurden gedeutet, zumeist sexuell: In meinem Traum biete ich der Königin bei einem Besuch zum Tee mit den Plätzchen eine schmutzige Zahnbürste an. Die Borsten der Zahnbürste deuten dann auf die Schamhaare der Königin. Die Königin versinnbildlicht meine Mutter, die nie Tee trinkt. Und ich haue mit meiner Interpretation haarscharf daneben und mache den Traum mundtot.
Die sexuelle Deutung aller Träume lassen wir lieber beiseite. Man kann sich natürlich sehr darüber amüsieren, wenn alle Schirme, Pappnasen, Spazierstöcke, Bananen, Schlangen, Mäuse, Rammpfähle, Böcke usw. für das männliche Glied stehen oder hängen und alle Geldkistchen, Mauselöcher, Flaschen, Fässer,

Nähkästchen, Türen und Tore für die Vagina. Das ist ja alles ganz interessant, aber damit steckt man alles in einen Sexcomputer, aus dem dann nur noch Sperma, Inzest, pubertäre Wünsche und ähnliche Dinge herauspurzeln können.
Wenn irgendeins dieser Bilder wirklich einmal dergleichen bedeutet, dann wird der Traum das schon zum Ausdruck bringen. „Der Traum ist seine eigene Deutung", sagt der Talmud. Je mehr Erklärungen man Träumen anhängen will, desto weiter entfernt man sich von der eigenen Erfahrung, von dem Traum selbst. Wenn man zu deuten beginnt, und sei es noch so „wissenschaftlich", kann der Traum selbst nicht mehr reden. „Ich nehme den Traum lieber als das, was er ist", sagte Jung. „Träumen ist ein natürlicher Vorgang."

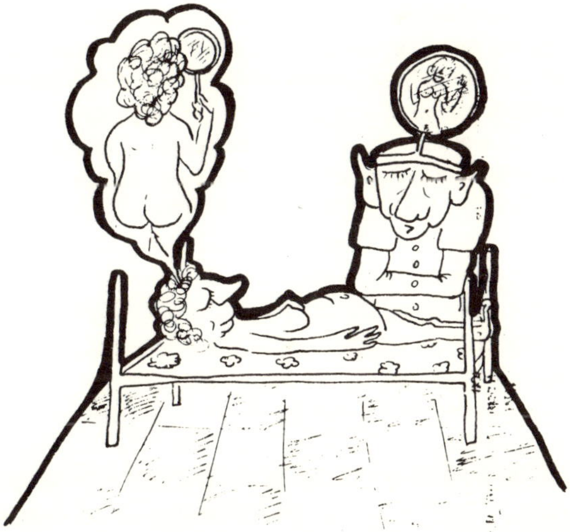

c) Was du träumst, das bist du selbst

Träume sagen aus, wie ich bin; wie ich *jetzt* bin; was ich empfinde und wünsche. Sie sprechen von meinen Bedürfnissen und Interessen, meinen verborgenen Kapazitäten, meinen Konflikten und Problemen.
In ganz konkreten Bildern zeigen sie die verschiedenen Aspekte meines Lebens auf. Der Hund des Nachbarn, der in meinem Traum herbeirennt, sagt etwas über mich aus, und wenn ich

sorgfältig beobachte, erkenne ich in seinem Verhalten meine „große Schnauze“ und mein feiges Herz. Ich erkenne Dinge, die ich am Tage, wenn ich meine Gedanken unter Kontrolle habe, nicht so sehr beachte, vor denen ich mich drücke. In meinen Traumbildern halten mir andere vor, was und wie ich bin. Ich sehe dann vielleicht den Nachbarshund, die Katze von Tante Lidwina, den Schwarm Wespen, den Perserteppich mit dem Brandflekken... aber, es handelt sich immer um mich. Denn ich bin ein wenig Hund, ein wenig Wespen, ein wenig Orientteppich mit Brandflecken...
Es hat viele Vorteile, daß ich zur Darstellung meines Ich andere Darsteller anwerbe. Damit halte ich mir die Sache noch ein wenig vom Leib, um sie mir später Stück für Stück anzueignen, je nachdem wie ich es verkrafte. Manches ist recht lobenswert für mich, und das ertrage ich nicht sehr gut. Oder die Darstellung fällt negativ aus, dann neige ich dazu, sie als völlige Verurteilung zu verstehen: „Ich bin ein wenig Wespe“ wird zu: „Ich bin ein ganzer Wespenschwarm in all meinem Tun und Lassen.“
Manchmal kommen auch Dinge zutage, die ganz und gar nicht mit dem Bild übereinstimmen, das ich vorläufig noch von mir behalten möchte, oder ich projiziere aus irgendeinem verborgenen Grund meine guten Seiten auf die edlen, lieben und gutmütigen Figuren, die in meiner Traumgeschichte mitspielen.
Träume erzählen mir aber auch, wie die Welt meiner Wahrnehmung nach aussieht. Wie ich die Menschen sehe und über sie denke. Onkel Heinz mit seiner hochnäsigen Miene erzählt mir nachts nicht nur ein wenig über die Hochnäsigkeit in mir, sondern auch etwas über die Miene von Onkel Heinz, die mir dermaßen hochnäsig vorkommt, daß er ausgezeichnet für diese Rolle paßt. Jedenfalls kommen in unseren Träumen Dinge zutage, die wir bei hellem Sonnenlicht nicht so gut sehen oder sehen wollen: die hochnäsige Miene vom lieben Onkel Heinz und mein eigenes Stückchen Hochnäsigkeit, das ich lieber von ihm auf dem Projektionsschirm darstellen lasse.

d) Träume sprechen in Gegensätzen

Ebenso wie die Fabeln von La Fontaine oder Aesop sprechen auch die Träume in Gegensätzen: der alte Mann und das Kind; der Ochse und der Frosch; Fuchs und Rabe; Löwe und Lamm.

Zwischen den entgegengesetzten Polen liegt das Kraftfeld. Dort, wo Energie ist, liegen Möglichkeiten. Träume spielen sich immer in Spannungsfeldern ab, zwischen den Polen, denn es sind Lebensprozesse. Das Leben vollzieht sich immer zwischen zwei Seiten, die scheinbar miteinander im Widerstreit stehen, sich aber tatsächlich gegenseitig aufrechterhalten und dafür sorgen, daß sich etwas bewegt. Wachsen und sterben. Nicht verstehen und erkennen. Macht und Ohnmacht. Fähigkeit und Stümperei.

In Träumen sieht man dann:

einen Verfolger	– einen Verfolgten
ein junges Mädchen	– einen alten Mann
ein furchterregendes Tier	– eine beruhigende Gestalt
einen festen Grund	– einen Sumpf
einen schmalen Steg	– einen freien Dorfplatz
eine schöne Frau	– eine häßliche Hexe
einen zuverlässigen Sportwagen	– eine vergammelte, häßliche Ente, die kaum noch fährt
eine dicke Porzellanvase mit Blumen mitten im Zimmer	– ein blasses, konturloses Aquarell an der Wand
fünf tiefe, breite Schränke	– einen schmalen Schrank
einen gemütlichen Bummelzug	– den Trans-Europa-Expreß

Manchmal sind die Gegenbilder nicht so deutlich erkennbar, sondern zeigen sich nur unklar. Wenn wir den Traum jedoch ruhig betrachten, ohne gleich alles Mögliche deuten zu wollen, kommen sie von selber in den Vordergrund.

Zwischen den Polen springen die Funken über, und der Gegenpol bewirkt, daß wir die Bilder über uns selbst relativieren und uns nicht damit destruktiv in eine Ecke verkriechen.
Die Schauspieler, die in unseren nächtlichen Premieren auftreten, dürfen wir allerdings tagsüber nicht auf die Rolle ansprechen, die sie in unserem Script gespielt haben. „Ich habe von meinem Vater geträumt, es ginge ihm nicht gut... nun mache ich mir wirklich Sorgen um ihn!“ „Heute Nacht sah ich meine Nachbarin im Traum. Sie hatte es auf ganz gemeine Weise auf mich abgesehen. Bis jetzt mochte ich sie eigentlich ganz gerne, aber nun gehe ich ihr lieber ein wenig aus dem Weg...“ Wenn du mir während der vergangenen Nacht in deinem Traum tausend Mark geliehen hast, darfst du sie heute, am Tag, nicht von mir zurückfordern!

Übung: Mit Träumen umgehen

Einleitung: Träumen zu lauschen muß gelernt werden. Wir sind nicht daran gewöhnt. Deshalb ist diese Übung notwendig: sorgfältig vorgehen, Schritt für Schritt.

Es empfiehlt sich, die Übung zu Anfang einige Male schriftlich zu machen, so lange, bis man einige Erfahrung damit hat. Es lohnt sich, ein Heft anzulegen. Es ist kein überflüssiger Luxus, jemanden aus dem Bekannten- oder Freundeskreis zu bitten, mit darauf zu achten, daß du bei dieser Übung nicht einige Dinge unter den Tisch fallen läßt.
Noch etwas: Fange nur dann mit der Arbeit an einem Traum an, wenn es dich wirklich reizt!

■ *Erster Schritt:* Die Geschichte

Erzähle jemandem den Traum (oder einen Teil des Traumes). Erzähle ihn in der Gegenwart. Also nicht: „Ich ging durch einen Wald ...", sondern etwa: „Ich gehe durch einen schweigenden Wald und gelange an einen rauschenden Bach. Am Ufer liegt ein toter Spatz auf dem Rücken, die Beinchen hochgestreckt. Im Bach springen Fische ..."
Wenn du allein bist – oder Anfänger –, schreibst du am besten den Traum sehr genau auf, in der Gegenwart (wie oben).

■ *Zweiter Schritt:*
a) Die Bilder

Fertige eine Liste an mit den Bildern des Traums. Schreibe sie untereinander, z. B.:

der Wald
der Bach
der tote Spatz

die Beinchen
die Fische
...

b) Bild und Gegenbild

Untersuche, welche Bilder sich im Traum gegenüberstehen als eine Art Kontrast oder Gegensatz, z. B.:

der schweigende Wald ↔ der rauschende Bach
ein toter Spatz ↔ lebendig springende Fische

Erläuterung: Stelle „Bilder" einander gegenüber, nicht die etwas abstrakten Gegensätze, die du daraus ableiten kannst:
also nicht:

Tod	↔	Leben

sondern:

ein toter Spatz am Uferrand	↔	lebendige Fische, die aus dem Bach emporspringen

■ *Dritter Schritt:* Ein Gegensatz

Wähle aus den Gegenüberstellungen einen Gegensatz, den du näher betrachten willst, weil er dich neugierig macht.

Gegensatz:

„....................."	„....................."

Erläuterung: Ein Gegensatz reicht; ein Teilstück des Traums genügt auch – denn es bedeutet schon viel, wenn du aus dem Traum eine Botschaft, die dir etwas sagt, herausholst. Außerdem kannst du doch nur an einem Gegensatz arbeiten, wenn die Übung deutlich bleiben soll. Es kommt hinzu, daß du – egal welchen Gegensatz du dir aus dem Traum herausnimmst – immer wieder bei demselben Kraftfeld ankommst, aus dem sich der Traum in vielen verschiedenen Bildern aufgebaut hat.

(Zwischen dem 3. und 4. Schritt kannst du mit zwei Zeichnungen die gegenübergestellten Bilder visuell aufklären – ein Diptychon.)

■ *Vierter Schritt:* Identifizieren

Identifiziere dich nacheinander mit dem einen und mit dem anderen Bild dieses Gegensatzes. Beschreibe in der ersten Person Präsens ausführlich und gesondert jede Seite des Gegensatzes. Zunächst von der Traumsituation her, aber wenn dich deine Erinnerung im Stich läßt, dann ergänze ruhig mit dem, was deine Phantasie dir jetzt eingibt. Auf jeden Fall aber ohne Erklärungen. Beschreibe auch die Gefühle und Gedanken, die dir bei der einen oder anderen Seite kommen.

Gegenüberstellung

„........................"	„........................"
„Ich bin ...."	„Ich bin ...."
(z. B.: ... ein toter Spatz am Rande des Ufers, ich liege auf dem Rücken und strecke die Beine hoch usw.)	(z. B.: ... einige lebendige Fische, ich springe hoch aus dem rauschenden Wasser ...
Gefühle und Gedanken, die bei diesem Bild aus dem Traum jetzt in mir aufsteigen:	Gefühle und Gedanken, die bei diesem Bild aus dem Traum jetzt in mir aufsteigen: ....
(z. B.: traurig, Kloß im Hals, der Gedanke an meine zerbrochene Beziehung steigt auf ...)	(z. B.: Energie, Freude, ich habe nach der Scheidung wieder angefangen, allerlei zu unternehmen ...)

Erläuterung: Die Traumbilder sagen etwas über uns aus. Vordergründig erkennen wir das nicht sofort, aber sie berühren uns. Wir wollen herausfinden, auf welche Art und inwiefern sie uns berühren, und erreichen das durch dieses einfache Experiment der Gegenüberstellung, indem wir uns nacheinander mit jedem der gegenübergestellten Bilder identifizieren (1. Person, Singular, Präsens). So werden wir erkennen können, wie und wo sie uns betreffen. Auf diese Weise steigen wir gewissermaßen in das Bild hinein, um von innen her zu verstehen, was jedes Bild für uns bedeutet oder nicht. Sich-hinein-Geben erhöht die Spannung, nimmt aber die Ängste.

Auch jetzt darf nicht interpretiert werden, d. h. daß an die Bilder keine erklärenden Zettel angehängt werden dürfen, weder von sachverständigen noch von nichtsachverständigen Außenstehenden. Wenn die Bilder selbst zu sprechen anfangen, dann laß sie auch wirklich zu dir reden und gib ihnen Raum! Suche jedoch nicht nach möglichen Deutungen, denn in dem Fall sprichst ja du und nicht mehr die Bilder.

■ *Zwischenschritt* (zwischen dem vierten und fünften Schritt)

Vertiefe dich ganz in die eine und in die andere Seite, indem du zum Beispiel:
a) die Haltung annimmst (und die Bewegungen machst), die zu der einen, und dann die, die zu der anderen Seite gehört;
b) das Liedchen singst, das dir als erstes einfällt, wenn du dich in die eine Seite einlebst, und dann das Liedchen oder die Melodie, die dir einfällt, wenn du dich auf die andere Seite konzentrierst;
c) dir ein Märchen ausdenkst, in dem diese beiden Gegensätze Hauptpersonen sind.

■ *Fünfter Schritt:* Erkenne an, was du wiedererkennst

Schreibe unter jede der beiden Spalten etwas, was du von dir selbst wiedererkennst. Bleibe bei den Bildern des Traums (das ist nicht leicht! Wir sind nur zu gerne bereit, hier die Bilder zu verlassen und in Urteile oder Interpretationen zu verfallen).

Was ich von mir selbst erkenne:
Auf der einen Seite:... (z.B.: „Einerseits erkenne ich den toten Spatz in mir, seitdem ich so mutlos bin wegen...").
Auf der anderen Seite:... (z.B.: „Andererseits erkenne ich die brausende Energie in mir in Augenblicken, in denen ich...").

■ *Sechster Schritt:* Anerkennen, Würdigen

Jede der beiden Seiten hat ihren eigenen Wert für uns. Wenn wir die eine Seite nicht hätten, würde uns etwas fehlen und wir wären nicht imstande, mit bestimmten Dingen oder Menschen umzugehen. Das gleiche gilt für die andere Seite. In diesem sechsten Schritt wollen wir diese Anerkennung aussprechen:
„Glücklicherweise habe ich die eine Seite, denn..."
„Glücklicherweise habe ich die andere Seite, denn..."
„Dem Spannungsfeld dieser beiden Seiten habe ich eine ganz besondere, eigene Kraft zu danken, nämlich:..."

■ *Siebter Schritt:* Sich bekanntmachen

Erzähle einem Freund oder Hausgenossen – immer noch in den Bilder des Traums –, wer du einerseits bist und wer andererseits. Schreibe auch auf, was für dich paßt.

Achte dabei auf vier Punkte:

1. Benutze keine abstrakten Ausdrücke (wie z. B. „abhängig" – „unabhängig", sondern die konkreten Traumbilder.
2. Vermeide jedes „aber" und jegliche Abschwächung des einen oder des anderen Pols. (Relativierung wird erreicht, indem die entgegengesetzten Pole einander gegenübergestellt werden, und nicht, indem man links oder rechts etwas davon abknipst.)
3. Vermeide jedes herabsetzende Wort oder eine Bewertung, als ob eine Seite schlecht wäre...
4. Trenne die beiden Pole nicht voneinander: Laß sowohl die eine wie auch die andere Seite gelten.

Ich habe zwei Seiten:

„Einerseits bin ich ....
....

(z. B.: „Einerseits bin ich jemand, der einem armseligen Vögelchen gleicht, das abseits liegt, während der Strom an mir vorüberfließt...").

„Andererseits bin ich ....
....

(z. B.: „Andererseits bin ich lebendig und voller Energie wie ein Schwarm Fische und springe hin und wieder über das Wasser hinaus...").

■ *Achter Schritt:* Der Titel

Gib der Traumgeschichte einen kurzen, markanten Titel. Bereits im Titel soll der gewählte Gegensatz anklingen. Schreibe ihn über den Traum, z. B.: „Das tote Vögelchen und die lebendigen Fische."

Schluß

Hiermit ist die Übung beendet.
Laß nicht zu, daß ein anderer deinem Traum Erklärungen hinzufügt. Gib ihm gleich eins auf die Finger!!

Hilfen bei der Traum-Übung

Spielend vorgehen

Die ganze Traumübung kann man auch spielend vornehmen, ganz ohne Worte, entweder alleine oder in einer Gruppe. Die beiden Spalten werden dabei gezeichnet oder farbig gemalt. Man kann die Gegensätze auch mit der eigenen Körperhaltung darstellen oder in der Gruppe Rollen verteilen, mit Musik oder Geräuschen, mit Farben und Papier, in Ton kneten usw.
Zum letzten Schritt kann man sich mit seiner bereicherten Identität anderen vorstellen. Oder man kann eine Visitenkarte entwerfen, auf der man außer Namen, Anschrift und Beruf angibt, daß man zwei Seiten hat: „Erstens…, Zweitens…" Vielleicht kannst du dich mit solch einer Karte nun irgendwo bewerben?

Die beiden untrennbaren Seiten

Arbeite deinen Traum niemals nur an einem Pol der Gegenüberstellung aus. Beide Seiten deines Ich müssen zu Wort und gleicherweise zum Zuge kommen. Das relativiert den Traum, und dieses Relativieren ist manches Mal sehr wichtig, damit du nicht aus dem Gleis gerätst.

„Ich bin ein Schwarm aggressiver Wespen, die sofort zum Angriff übergehen, wenn sich jemand feindlich verhält."	„Ich bin gleichzeitig ein friedvolles Kornfeld mit Ähren und Blumen, das spürbar Ruhe ausstrahlt."

Indem man beide Seiten nebeneinander betrachtet, wird es möglich, auch die Seiten zu sehen, die man nicht so leicht akzeptiert. Diese (scheinbar) weniger angenehme Seite gehört dazu. Sie verursacht mit, daß das Spannungsfeld unter Strom bleibt. Daraus lebst du:

„Ich bin eine mürrische, zänkische Alte, allein, einsam, ängstlich."	„Ich bin ein liebes altes Mütterchen, das immer Menschen um sich hat und in der Nachbarschaft geliebt wird."

Auch die unheimlichsten Bilder werden so im Spannungsfeld erträglich, wenn sie durch den Gegenpol relativiert sind. Gemeinsam liefern sie Energie. Keiner der beiden Pole darf verändert werden. Du bist sowohl das *eine* wie auch das *andere*. Sogar der ängstliche und einsame Anteil aus dem vorigen Beispiel ist eine Kraft. Sie gibt die Energie, durch die jemand fähig wird, immer wieder auf Menschen zuzugehen. Es ist ein Schmerz, der ganz tief in dem „lieben Mütterchen" steckt.
Diese Übung ist so ausgearbeitet, daß nichts entwertet wird. Eine sogenannte, „gute Seite" oder eine „schlechte Seite" gibt es nicht, wobei die „schlechte Seite" allmählich durch „Entwicklung" beseitigt werden müßte.

Ich habe zwei Seiten:

„Ich bin ein schwermütiger alter Grübler, der seinen Hintern kaum mehr hoch kriegt und brummig über die Dinge des Lebens nachsinnt."	„Ich bin ein närrischer „Hans-Dampf", der keinen Augenblick stillsitzen kann und fröhlich – ob es nun paßt oder nicht – Witze reißt."

Solange ich die beiden Seiten meines Ich beieinander halte, bleibe ich gesund. Lasse ich aber eine Seite unbeachtet oder versuche, sie teilweise zu vertuschen, dann betrüge ich mich selbst und schade mir. Ich bin sowohl... als auch... Alles hat seinen Wert.

Alpträume

„Ich bin in einem Konzentrationslager. Man holt mich ab und bringt mich in einen kleinen Raum, in dem eine Art Operationstisch steht. Man entkleidet mich und bindet mich auf dem Tisch fest. Männer in weißen Arztkitteln und mit ausdruckslosen Gesichtern schneiden mich auf und untersuchen mich nach allem, was in mir verborgen liegt. Sie suchen nach Dingen, die ich selber nicht weiß. Gebadet in kaltem Schweiß erwache ich..."

Zunächst versuchte ich diesen Traum einfach zu vergessen. Es gelang mir nicht. Das beängstigende Bild, ich – an den Tisch gebunden, ausgeliefert den kalten Händen, Blicken, Fragen und Messern der Henkersknechte –, ließ mich nicht mehr los. Ich fürchtete mich, wieder einzuschlafen, der Traum könnte ja noch einmal über mich kommen. Ich sah mich nur als Schlachtopfer – eine Seite meines Ich. Ich fühlte mich nicht gut.
Als ich das Bild hinzunahm, das den Gegenpol zu diesem Alptraum bildet, änderte sich plötzlich alles: Ich bin auch derjenige, der sich selbst zwingen will – manchmal mit dem Messer an der Kehle –, Antwort auf alle möglichen Fragen zu geben, auf die ich keine Antwort habe. Dann bin ich mein eigener Henker, und das ist oft zugleich meine Stärke... Es ist kein freundliches Bild, das ich mir da aneignen mußte. Aber als ich es tat, veränderte sich die Situation. „Holla", sagte ich mir, „quäle dich doch nicht mit zu vielen überflüssigen Fragen!"
Alpträume warnen uns vor Dingen, die uns gefährlich werden könnten, wenn wir sie vergessen.

Es gibt Träume, die sind anscheinend so wichtig, daß sie immer wiederkehren, sie lassen sich nicht abwimmeln. Sie haben eine Botschaft, die gehört werden will, deshalb zeigen sie sich immer wieder. Sobald wir „etwas damit anfangen" – mit der Situation, auf die der Traum hinweist, oder indem wir uns Zeit nehmen, ernsthaft auf den Traum zu lauschen –, dann kommt er nicht wieder. Zumindest nicht auf die gleiche Weise.

Stricke, Netze und Fallen, die Träume fangen

„Ich träume überhaupt nicht. Aber dafür meine Frau! Wo die in der Nacht schon überall gewesen ist, das hältst du nicht für möglich. Welch schreckliche Geschichten die morgens zum Frühstück auftischt! ..."

Jeder Mensch träumt in der Nacht etwa drei- oder viermal. Das ist erwiesen. Allerdings vergessen wir die meisten Träume auch wieder.

Es gibt Hilfsmittel, Träume zu behalten:

☐ Papier und Bleistift auf dem Nachttisch bereitlegen, um den Traum gleich aufzuschreiben, sobald man aufwacht;

☐ eine extrem warme Decke benutzen;

☐ den Wecker etwas früher als gewöhnlich stellen und Träume sofort aufschreiben;

☐ nach dem Erwachen nicht gleich aufspringen, sondern in aller Ruhe sich ein wenig aufrichten, nur eben so viel, um an das Papier und den Stift zu gelangen. Den Traum wie einen Fisch an der Angel langsam heranholen: nachlassen und trotzdem festhalten, während du den Traum noch etwas „schwimmen" läßt;

☐ Interesse; etwas über Träume nachlesen; miteinander beim Frühstück darüber sprechen.

Trotzdem bleibt das Vergessen von Träumen ein natürlicher Prozeß. Träume sind wie scheue Vögel.
Und weshalb sollten wir unbedingt alle Vögel fangen?

Wenn Kinder träumen

Wenn Kinder nachts aus dem Bettchen steigen und zu uns kommen, weil sie geträumt haben, dann können wir ihnen vormachen, Träume seien doch nur Träume oder gar Täuschung. Sie sollten möglichst bald vergessen werden, und dazu erzählen wir unseren Kindern vielleicht ein wenig oder geben ihnen ein Stückchen Schokolade oder etwas zu trinken, damit sie wieder einschlafen.

Wir können aber auch zeigen, daß wir Träume achten und ernst nehmen. Auch die unheimlichen Träume. Wir können die Gegensätze bewußt machen: der unheimliche Leopard, der losspringt – und das ängstliche kleine Mädchen, das angefallen wird. Wir können sie die Spannung ausspielen lassen, indem sie auch Leopard sind. Sie dürfen im Zimmer herumspringen und sich an der Kraft freuen, die sie als Leopard haben. In der Rolle des Leoparden lassen wir sie assoziieren, was sie sonst noch mit dieser Kraft anfangen möchten.

Kinder können ihre Träume auch wunderbar ausspielen mit Kasperlepuppen. Sie identifizieren sich mühelos mit Drachen, Riesen, Däumlingen, Wölfen, Hexen und Feen.

Sie brauchen ihre eigenen Träume. Mehr noch als die Träume der Brüder Grimm.

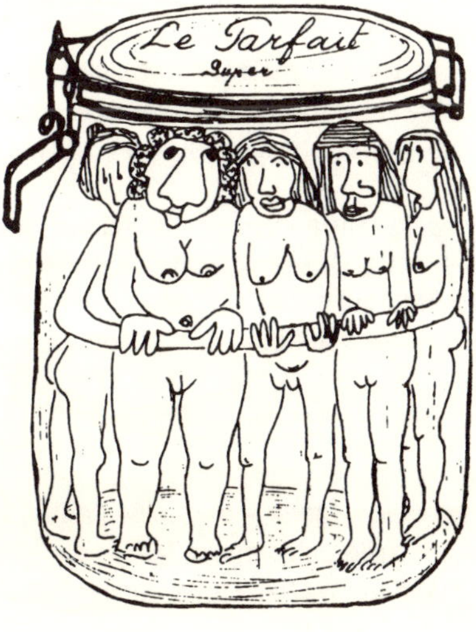

„Schuster bleib bei deinen Leisten“

Berufsmäßige Helfer neigen oft dazu, überall Probleme zu formulieren und schwierige Situationen zu entdecken: Des einen Not ist des anderen Brot.
Das muß aber nicht sein. Die Menschen können lernen, ihre Träume selber zu verarbeiten, indem sie genau darauf achten, was sie aussagen, indem sie sie ganz wörtlich nehmen, nicht zu erklären versuchen, sich nicht hineinsteigern, nicht darüber nachgrübeln, was das wohl alles zu bedeuten haben könnte, Bilder als Bilder stehen lassen. Der Träumer soll selbst seine entgegengesetzten Bilder herausfinden und sie einander gegenüber stellen. Alles ein wenig leicht nehmen. Gelten lassen, was da ist. Auf spielerische Art damit umgehen. Vielleicht kann er sich auch einmal dieses Büchlein über Träume ausleihen, denn er kann ja selber lesen und begreifen.

Zwei Beispiele

1. Die schwere, schwarze Motte und die weiße Taube

Ich träume: Ich liege mit meinem Mann im Bett. Ich wache auf, weil ich ein schweres Brummen höre. Ich wecke meinen Mann und frage ihn, ob er es auch hört. Er meint, ich solle mich nicht darüber aufregen, und schläft wieder ein. Ich bleibe wach und ärgere mich an „dem“ Biest.
Plötzlich sitzt das Tier auf meiner Hand. Ich knipse schnell das Licht an. Es ist eine schwarze Motte. Nicht eine einfache, normale, sondern eine, die mindestens fünfmal so groß ist wie eine gewöhnliche Motte.
Mein Mann erwacht nun auch und legt seine Hand mit kräftiger Gebärde auf die Motte. Da verwandelt sich die Motte auf einmal in eine schöne weiße Taube. Ich bin ganz überrascht.
Ich sehe mich im Zimmer um. Aus einem Loch in der Wand streichen kleine Tierchen weiße Farbe über die etwas graue Wand. Dadurch wird sie wieder schön weiß.

Bilder:
Die schwere, schwarze Motte – die weiße Taube; ich; die Taube auf meiner Hand; mein schlafender Mann; die schwarzen Tierchen, die die Wand mit weißer Farbe anstreichen.

Bild und Gegenbild:
die schwere, schwarze Motte – die weiße Taube
mein schlafender Mann – ich rege mich auf und liege wach

Ein Gegensatz:
die schwere, schwarze Motte die weiße Taube

Identifikation:

Ich bin eine schwere, schwarze Motte. Ich bin viel größer als eine gewöhnliche Motte. Ich brumme sehr laut und störe dadurch mich selbst und andere beim Schlafen. Als ich kräftig angefaßt werde, verwandle ich mich plötzlich in eine schöne, weiße Taube.

Ich bin eine schöne, weiße Taube. Ich sitze auf Tinekes Hand, und ich sitze dort ganz friedlich. Ich habe klare, kluge Augen, und ich schaue mich ruhig im Zimmer um.

Erkenntnis:

Ich erkenne, daß ich ständig „brummend" reagiere. Ich kann Kleines ganz groß aufbauschen und verursache auf diese Weise die schwere Motte.

Ich kann auch ganz ruhig stillhalten, mich nur ein wenig umschauen mit klugen Augen.

Positive Annahme:

Ich kann die Dinge, die mich irritieren, in Worte fassen.
Ich lasse sie nicht auf sich beruhen, halte mich nicht zurück.

Ich kann mich ruhig umsehen und brauche dann nichts zu sagen.

Vorschläge:

Einerseits bin ich ein Mensch, der schweren, schwarzen Ärger verursachen kann und dadurch auf andere störend wirkt.

Andererseits bin ich ein Mensch, der die Dinge ruhig angehen kann.

Titel:

„Die schwere, schwarze Motte und die weiße Taube"

2. Krumm und gerade

Ich träume: Ich, groß und kräftig, ordentlich gekleidet, komme an in einem grauen Betonbahnhof zugleich mit einer Gruppe Reisender, die zu ihren weiterentfernt geparkten Autos eilen.
Es gibt nur einen Weg. Eine Bande verdächtiger Gestalten erwartet uns, angeführt von einem Buckligen mit einer verkrüppelten rechten Hand. Er trägt eine violette Jacke. Die Bande filzt jeden Reisenden und führt ihn fort.
Ich denke: „Ich habe nichts zu befürchten." Also: Ich gehe auf sie zu, ich halte mich gerade. Ich werde auch gefaßt und untersucht und dann – verwirrt – in eine grüne Telefonzelle gesteckt, in der schon viele andere Bekannte sitzen. „Hallo", sage ich.
Bellende Schäferhunde um uns herum. Wir können nicht entwischen. Ich lasse es gelassen über mich ergehen.

Bilder:

Das graue Bahnhofsgebäude; meine hochgewachsene, schlanke Gestalt; die Gruppe Reisender; die verdächtige Bande; der bucklige Anführer; die bellenden Schäferhunde.

Bild und Gegenbild:

großes, graues Bahnhofsgebäude	– kleine grüne Telefonzelle
ich, hochgewachsen, schlank und gerade	– der kleine, bucklige Bandenanführer
Gruppe der Mitreisenden	– Gruppe Bandenmitglieder

Ein Gegensatz: Ich, groß und unangefochten	– ein buckliger Bandenanführer.

Identifikation:

Ich bin groß und unerschrokken, ordentlich gekleidet und schreite kräftig aus. Eine edle Gestalt. Ich wage mich an die schwierigsten Dinge heran. Ich opfere mich sogar für meine Mitreisenden. Ich fühle mich sicher und trage den Kopf hoch.

Ich bin ein kleiner Buckliger mit widerlicher, violetter Kleidung und einer verkrüppelten, rechten Hand. Ich filze meine Opfer. Ich bin der Boß der Bande. Ich sage nichts, tue aber, was ich will. Mein Kopf ist niedergebeugt, so daß ich emporschiele. Hinterhältig.

Erkenntnis:

Ich traue mir in der Tat viel zu und gehe als praktischer Arzt an alle Dinge heran, selbst wenn sie mir recht schwierig erscheinen. Dabei fühle ich mich wohl und stark...

Ich tue oft, was ich will, ohne daß ich den anderen erkläre, was ich tun will, und oft meine ich, daß die andern das dann einfach verstehen sollten. Ich zeige nicht immer mein wahres Gesicht. Selbst wenn ich mich ganz klein und häßlich finde, will ich Boß sein. Oft verstecke ich mich hinter meiner Häßlichkeit.

Positive Annahme:

Ein kräftiger, unerschrockener Mensch, der...

unmerklich das Heft in Händen hält und die Szene leitet.

Vorschläge:

Ich bin ein starker, hochherziger, unerschrockener Mensch, und ich bin gleichzeitig ein Mensch, der heimlich darauf achtet, daß er die Fäden in der Hand behält.

Titel: „Krumm und gerade"

Macht und Ohn-macht

Einleitende Theorie

1. Macht

Macht ist die Fähigkeit, die Menschen haben, mit der sie Einfluß auf den Lebensweg anderer Menschen ausüben – mit Worten (verbale Macht),mit Gesetzen (juridische Macht), mit Geld (finanzielle Macht), mit gesellschaftlichen Strukturen (soziale Macht) usw.
Macht (oder Einfluß) kann offen oder im Verborgenen ausgeübt werden:

☐ Verborgene Ausübung der Macht
Das geschieht auf eine Art, bei der gar nicht deutlich wird, daß Macht im Spiele ist, z. B. durch Freundlichkeit, indem man ein gutes Beispiel gibt, durch Unklarheit, durch Schweigen, durch Hilfe, durch Gebet, indem man bestimmte Verhaltensweisen als Selbstverständlichkeiten hinstellt, indem man ein Gespräch vermeidet, durch Tränen und Schmollen, durch Trauern und mitleiderregendes oder schuldbewußtes Verhalten . . .
Das verborgene Ausüben von Macht ist nicht weniger effektiv, aber es schaltet von vornherein jedes mögliche Gegenspiel aus. Gegen so viel Kümmerlichkeit, Heiligkeit, Unklarheit oder Hilfsbereitschaft kommt man kaum an.

☐ Offene Ausübung der Macht
Sie ist gekennzeichnet durch klares Spiel mit offenen Karten. Die eigentlichen Motive und die eigene Stärke sind deutlich erkennbar – eine Herrschaft ohne Unklarheiten, eine erfrischende Konfrontation, eine klare Herausforderung, ein deutliches Partei-Nehmen für eine Seite. Ein „Ja“ oder ein „Nein“ ohne diplomatisches Lavieren.

Das Kräftemessen

Macht ruft Macht auf den Plan – zwischen Partnern, zwischen Betrieben, zwischen Regierungen und Gewerkschaften, zwischen Für- und Widerpart.
Das Kräftemessen ist offene, wechselseitige Machtausübung. Es ist eine Form des Dialogs, in der die Gegenpartei ernstgenommen und respektiert wird. Das offene Kräftemessen bleibt sportlich und fair.

Der Machtkampf

Das Kräftemessen kann jedoch in Machtkampf ausarten. Es ist kein Kampf um Frieden, für die Wahrheit oder für das Produkt, das man mit aller Kraft befürworten will. Sondern es ist ein Kampf, um den andern klein zu kriegen und auszuschalten. Dazu gehören die bekannten „Schläge unterhalb der Gürtellinie": bei einer Scheidung den Ex-Ehepartner vor allen Freunden und Verwandten schlechtzumachen; die Friedensbewegung in Verdacht zu bringen, weil sie den Rüstungswettlauf ablehnt und weil sie bei der Bevölkerung immer mehr beachtet wird; die Russen als unmenschliche Monstren abzustempeln; den Gegner, der ein Buch geschrieben hat, lächerlich zu machen, indem man seine Worte aus dem Zusammenhang reißt und falsch zitiert.
Der Machtkampf findet meistens versteckt statt und wird kaum jemals offen ausgetragen. Es gibt endlose Diskussionen über Verfahrensweisen, Kungelei hinter den Kulissen. Das schwierige Gespräch über die Probleme, um die es eigentlich geht, wird nicht geführt. Informationen werden zurückgehalten, um die Gegenpartei im unklaren zu lassen, usw.

Gewalt

Man kann seine Macht so ausüben, daß kein Raum mehr für die Freiheit der anderen bleibt. Der Gegner und das, was er einzubringen hat, wird dann einfach verschwiegen. Heimlich oder ganz offen. In verschiedenster Weise und unter allen möglichen Deckmäntelchen. Finanzielle und körperliche Gewalt, Beherrschung durch Musik und Sex, verbale und therapeutische Gewalt, geistliche, soziale und religiöse Gewalt...
Dahinter steckt die Absicht, dem anderen ein Bein zu stellen, ihm

den eigenen Willen aufzuzwingen. Es gibt keine wirkliche Mitbestimmung: kein Stimmrecht für die Gastarbeiter; keine Bürgerrechte für die autochthone schwarze Bevölkerung, die doch in der Überzahl ist; Deportationen nach Sibirien oder in andere „Heimatländer".
Gewalt steht der Freiheit entgegen, auch entgegen den eigensinnigen Meinungen auf beiden Seiten. Sie kennt keine Ehrfurcht.

2. Das sogenannte „Gefühl der Ohnmacht"

Das „Gefühl der Ohnmacht" ist eigentlich kein Gefühl, sondern ein krankmachender Gedankenkreisel mit empfindlichen Folgeerscheinungen: bleischweren Füßen, schmerzhaftem Druck auf dem Kopf oder ähnliches.

Die Formel für Machtlosigkeit

a) Du gehst davon aus, daß du mitreden kannst in Fällen, bei denen du wenig oder gar nichts zu sagen hast –
daß du persönlich verantwortlich bist für Dinge, mit denen du nur zu einem Prozent oder zu einem millionsten Teilchen etwas zu tun hast; daß es deine Angelegenheit sei, wie deine Kinder leben, denken und mit ihrem Geld umgehen. Daß du das Arbeitstempo deines Kollegen zu bestimmen hast oder den Geschmack eines Kunden usw.
b) Auf eimal wird deutlich, daß du wenig oder gar keinen Einfluß darauf hast –
daß du deinen Willen nicht durchsetzen kannst; daß deine Kinder und deine Eltern ihren eigenen Weg gehen; daß das Institut sich nicht so entwickelt, wie du das gerne möchtest; daß die Macht in der Welt nicht in den Händen gerechter und edler Menschen, so wie du einer bist, liegt.
c) Dann bist du ganz und gar nicht einverstanden –
du bist überhaupt nicht damit einverstanden, daß die Gaben nun einmal so verteilt sind, wie sie es sind.
d) Du regst dich darüber auf –
über dich selbst, über die anderen und über die Umstände.
e) Diesen Ärger schluckst du dann runter –
weil es gar nicht so angenehm ist, zugeben zu müssen, wie irreal und naiv und unbescheiden du dich verhalten hast.

f) Hiermit produzierst du ganz bestimmte Gefühle – wie etwa: Blei in den Füßen; Überdruck im Magen; Atemnot und ähnliches...
g) Schließlich verlegst du dich auf die vorwurfsvolle und schmollende Masche – „Ich fühle mich so ohnmächtig", „Es drängt mich in eine machtlose Position ab", „Sie machen mich machtlos". Der Potentat spielt den Bemitleidenswerten.

Das Ganze nennen wir dann „Gefühl der Machtlosigkeit oder der Ohnmacht", und zwar, weil wir unsere Energie nicht dort einsetzen, wo unsere Möglichkeiten liegen, sondern sie an Dinge verschwenden, über die wir keine Macht haben. Das wäre nun weiter nicht sehr schlimm, wenn wir uns dadurch nicht davon abhalten ließen, unsere Energie in dem Sektor einzusetzen, in dem wir tatsächlich Möglichkeiten hätten.
Aus dem Gesagten wird deutlich, daß das sogenannte „Gefühl der Ohnmacht" sehr stark dem sogenannten Schuldgefühl ähnelt. Auch Schuldgefühle sind „Macht, die nicht zum Zuge kommt", mit dem dazugehörenden Zorn und körperlichen Beschwerden. (Was nicht ausschließt, daß wir zu recht auch wirkliche Schuld und Ohnmacht empfinden können.)

Der Vorteil der persönlichen Ohnmacht

Tatsache ist, daß das Gefühl der Machtlosigkeit uns eine Botschaft zu sagen hat, und zwar „daß wir die Macht, die wir nicht haben, eben nicht haben".
„Ich fühle mich machtlos" ist eigentlich der frustrierte „Wille zur Macht" von Leuten, die etwas zu sagen haben wollen. Ihr Machttraum geht nicht in Erfüllung; das macht sie innerlich fuchsteufelswild, und diese Wut versuchen sie nach außen als bemitleidenswerte Sache darzustellen.
Jeder von uns neigt dazu, ein kleiner oder großer Potentat zu sein – einem Partner oder den heranwachsenden Kindern gegenüber; in der Verwaltung oder dem Sozialwesen; im Betrieb; in der Politik; in Schule und Kirche... Aber glücklicherweise gelingt das häufig nicht. Dadurch werden wir vor uns selbst und voreinander geschützt. Zum Glück haben Individuen nicht einfach die Macht, andere Menschen oder bestehende Kurse mit ihrem individuellen Handwerkszeug zu verändern. Das Leben schiebt dem einen Riegel vor.

3. Macht und Ohnmacht von Erziehern und Menschen in sozialen Berufen

Von Erziehern und Menschen in sozialen Berufen erwartet man, daß sie wissen, was für diejenigen gut ist, die ihnen anvertraut werden. Dieses Wissen bedeutet Macht. Zu einem geringen Teil wissen sie vielleicht tatsächlich, was für andere gut ist, aber für den größten und wichtigsten Anteil wissen sie es nicht.
Von der Gesellschaft und von den Menschen, die bei ihnen Hilfe suchen, wird ihnen häufig viel Verantwortung zugewiesen. Das ist die Falle: „Sagen sie mir, was ich tun soll ..."
Erzieher und Menschen in sozialen Berufen sind daher auch ganz besonders anfällig für den „Machtlosigkeitsvirus" mit der dazugehörenden Müdigkeit, Mutlosigkeit und vielen körperlichen Beschwerden. Als hochqualifizierte Fachkräfte mit edlen Idealen, die sich manchmal als einzige und letzte Rettung ihrer Kinder, Schüler oder Patienten verstehen, sind sie eine leichte Beute. Mit etwas Schmeichel-Käse lassen sie sich in die Mausefalle-für-Messiasse locken und verbrennen sich die Finger an den Kastanien im Feuer. Wessen Kastanien?

Zwei Pole

Menschen aus sozialen Berufen dürfen nicht vergessen, daß die Helferseite nur eine Seite ihres Ich ist. Die andere Seite beinhaltet, daß auch sie andere brauchen, die sich um sie kümmern. Diese beiden scheinbar gegensätzlichen Pole sind in Wirklichkeit zwei Seiten einer einzigen Realität. So wie Mann- und Frausein zwei Aspekte jeden Menschseins sind, so wie Geburt und Tod zwei polare Momente des Lebens sind, so zeigen sich auch alle anderen Eigenschaften in uns von zwei Seiten. Wir sind gleichzeitig Kind und Erwachsener, Schüler und Lehrer, Kranker und Arzt, links und rechts.
Es gibt Menschen, die so sehr links sein wollen, daß sie ihre rechte Seite amputieren lassen. Wunderbar! Aber dann stützen sie sich der rechten Seite wegen ganz und gar auf andere, die dann gezwungen sind, doppelt rechts zu sein, so daß wiederum ihre linke Seite ausgeschaltet wird. Nicht so wunderbar! Ein Arzt, der sein eigenes Patientsein ausschaltet, total Arzt ist, macht seine Patienten also zu totalen Kranken und negiert den Arzt in ihnen.

Männer, die die weibliche Seite in sich verleugnen, zwängen Frauen, mit denen sie zu tun bekommen, total in die weibliche Rolle hinein. Eltern, die ihr Kindsein mit der dazugehörenden Kreativität, Verspieltheit und Abhängigkeit wegwerfen, übertragen diese Qualitäten ganz auf ihre Kinder, bis diese asthmatisch oder ungezogen werden. Das Gleiche geschieht, wenn der Psychiater sein eigenes Verrücktsein vertuscht und damit gleichzeitig die Sachkunde seines Patienten unter den Tisch fallen läßt; wenn der Lehrer sein eigenes Schülersein vergißt oder der Pfarrer sein Zweifeln.
Der Heilkundige muß sich auch von seiner kranken Seite zu offenbaren wagen. So bekommt auch der Heilkundige im Kranken eine Chance. (nach C. G. Jung)

Übung: Die Suche nach eigener Kraft und eigenen Möglichkeiten in Situationen der Machtlosigkeit

a) Der Traum von der Macht

1. Schreibe eine Situation auf, in der du dir ohnmächtig vorkommst, eine einzige Situation oder ein Geschehnis und nicht eine Sammlung. Drücke nur die eigene Machtlosigkeit aus, nicht die eines anderen ... z. B.: „Ich fühle mich machtlos, weil ich ..." oder: „... gegenüber ...", oder: „Wenn ich ..."
2. Zeichne ein Selbstbildnis, das ausdrückt, wie du dich in solch einer Situation fühlst. Oder nimm eine Körperhaltung an, die zu dir paßt, wenn du dich in diese Machtlosigkeit hineindenkst.

Zum Beispiel:

3. Wenn wir uns so machtlos vorkommen, dann steckt dahinter meistens ein Vorwurf gegen etwas, gegen jemanden oder gegen uns selbst:

a) welcher Vorwurf und gegen wen?
b) Erkläre diesen Vorwurf näher!

4. Hinter diesen Ohnmachtsgefühlen steckt auch der Wunsch, selber mehr Fäden in der Hand zu halten. Stelle einmal Phantasien an über die Macht, die du gerne in einer bestimmten Situation über bestimmte Menschen hättest. Das heißt: Was würdest du in dieser Situation gerne *tun* wollen? (Um diese „ungezogene" Phantasie anzustrengen, braucht man Mut!)
Formuliere diesen Wunsch in aktiven Verbformen und als etwas, was du dann tun möchtest. Also nicht: „Ich wollte, daß man... oder daß sie...", sondern: „...daß *ich*." „Ich wollte, daß *ich* die Macht hätte, um..."

Beispiel:
(in der Sozialhilfe:) „...Menschen dazu zu bringen, daß sie auf das hören, was ich ihnen zu sagen habe";
(im Beruf:) „...die Direktion denken zu lassen, wie ich denke";
(zuhause:) „...meiner aggressiven älteren Kinder Herr zu bleiben."

5. Geh' davon aus, daß du – durch irgendein Wunder – für alle Zeit diese Macht bekommst, total und unbegrenzt.
Wie würde das konkret aussehen? (Keine Erklärungen, sondern eine Erzählung.) Welche Folgen hätte das:

a) für die anderen,
b) für die Situation,
c) für dich selbst?

Während du hiermit beschäftigt bist, achte einmal darauf, was während der Ausarbeitung dieser Phantasien in deinem Körper geschieht. Was? Und Wo?

b) Die Gegenwart

6. In bestimmten Situationen (vgl. 1.) hast du bereits ein wenig Macht. Auf diesem Gebiet liegen manche Dinge ganz sicherlich in deiner Macht, ohne daß du deine Kräfte übersteigen müßtest. Welche Teilstücke der Macht sind das? Fertige eine Liste an:

7. Wieweit willst du die Macht, die du dieser Liste nach hast, benutzen – jetzt und auch später –, weil sie im Bereich dessen liegt, was du tatsächlich kannst, und weil du dahinter stehst? Gib anhand der Beispiele an, „wie das dann funktioniert".

Deute in der nächsten Zeichnung an, wie du dich dabei körperlich fühlst. Was fühlst du? Und Wo?

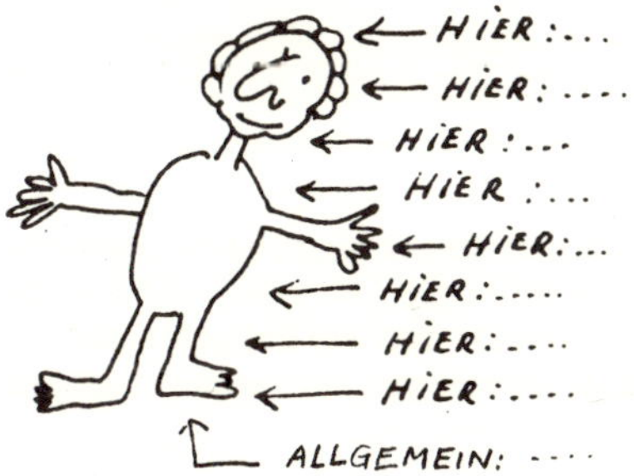

c) Die Zukunft

8. Denke dir einige Dinge aus, die du vielleicht jetzt noch schwierig oder unheimlich findest, die aber in Zukunft möglicherweise weitere kleine Schritte sein könnten, damit du diese Linie des Umgangs mit deiner Macht weiterziehen kannst. Anders gesagt: Wie könntest du dich mit der Kraft, die du hast, weiterhin engagieren?

1. ....
2. ....
3. ....

Ein Beispiel

a) Der Traum von der Macht

1. Wenn meine Frau mir Pflichten aufdrängt, die sie selbst wegen ihrer Arbeit, Studien und Kurse nicht tun kann, dann werde ich in meiner Freiheit dermaßen eingeschränkt, daß ich kaum zu den Dingen komme, die mir Spaß machen. Und dann fühle ich mich ohnmächtig.

2. Bah!

3.

a) Ich werfe meiner Partnerin in solchen Augenblicken vor, daß sie sich auf Kosten vieler Dinge selbst entwickeln will durch Studien und Weiterbildung, während ich den langweiligen Alltagskram erledigen kann.

b) Dadurch werde ich mehr oder weniger gezwungen, mein Rollenverständnis umzuwerfen und „Hausmann" zu spielen, was mir zuwider ist.

4. Ich wollte, ich könnte bestimmen, ob meine Ehefrau studieren wird oder nicht. Wenn ich die Macht hätte, würde ich – wenn sie tatsächlich anfinge zu studieren – bestimmen, wie weit das gehen darf, indem ich Zeit und Dauer der Studien festlegte mit dem Ziel, selbst genügend Spielraum zu behalten.

5. Das Ergebnis ist dann:
a) daß sie kreuzunglücklich über diese Situation wäre;
b) eine Familie mit vielen Spannungen und Streitereien;
c) ein Tyrann, der nicht glücklich über seine Machtposition wäre.

Ich spüre den Druck auf meinem Magen, und ich weiß, daß ich tatsächlich Magenbeschwerden bekommen würde, weil das meine Schwachstelle ist. Bei Spannungen gibt der Magen mir Warnrufe in Form von Krämpfen und schlechter Verdauung.

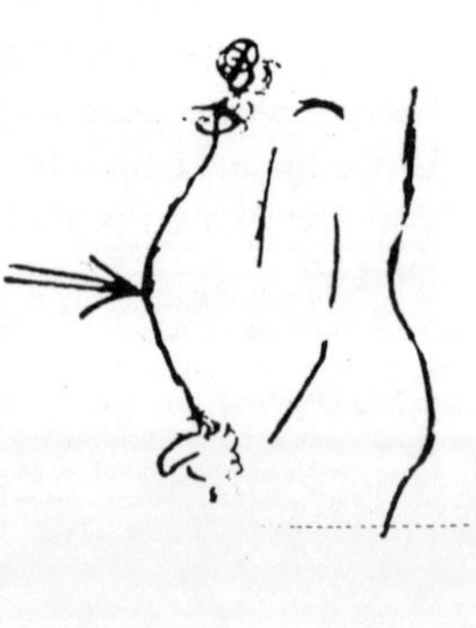

b) Die Gegenwart

6.
☐ Ich habe die Macht, sie zu kritisieren, wenn sie zu viel Zeit an ihre Studien verwendet.
☐ Ich habe die Macht, an ihre Schuldgefühle zu appellieren, weil sie durch das viele Studieren die Kinder und mich vernachlässigt.
☐ Ich habe die Macht, sie in ihren Studien zu stören, indem ich dauernd mit ihr rede, so daß sie sich nicht konzentrieren kann.
☐ Ich habe Macht innerhalb der Familie, indem ich jetzt eine Reihe von Dingen bestimme, weil ich z. B. die Besorgungen mache. Anders ausgedrückt: Ich bestimme, was gegessen wird.

7.
☐ Ich meine, daß ich ein Recht darauf habe, meiner Frau deutlich zu machen, daß sie Kinder und einen Mann hat, die auch innerhalb des Familienlebens Zuwendung brauchen, damit die Familie „funktionieren" kann. Daher übe ich Kritik, wenn sie zu lange hintereinander studiert.
☐ Wenn meine Frau im Wohnzimmer sitzt und lernt und die Kinder und ich uns still verhalten müssen, dann habe ich die Macht, sie zu stören, weil es ja auch noch ein anderes Zimmer irgendwo im Haus gibt, wo sie ungestört arbeiten kann, so daß wir uns gemütlich im Wohnzimmer aufhalten können. (Nachdem ich diesen letzten Punkt aufgeschrieben hatte, spürte ich im Körper keine besonderen Reaktionen. Nur, daß ich in mich hinein lachte, als ich Punkt 7 richtig zu mir durchdringen ließ. Ein angenehmes Gefühl!)

c) Die Zukunft

8.
☐ Ich werde das Zimmer im Haus ein wenig in Ordnung bringen und gemütlich zum Studieren einrichten, so daß beide „Parteien" sich ungestört entfalten können.
☐ Ich will sie allerdings auch weiterhin auf ihre Verantwortung der Familie gegenüber hinweisen – aber dann auf angemessene und erträgliche Art.
☐ Ich werde bald auch anfangen zu studieren. Dann sind wir quitt.

10. LEKTION

Umgang mit organisatorischen oder gesellschaftlichen Engpässen

Einleitende Theorie: Die Kunst, etwas zu verändern

Weil Strukturen von Menschen gemacht sind, ist auch das Verändern von Strukturen menschliches Machwerk. Es sind nicht etwa besondere Menschen dazu nötig, sondern es muß von mehreren Menschen gemeinsam getan werden. Da gibt es das Chaos in der Verwaltung, das angespannte Ost-West-Verhältnis, die Mißwirtschaft der Regierung, die Medikamentierung von Lebensproblemen, die Kluft zwischen Arm und Reich, der Zersetzungsprozeß in Familien. Wir können daran mitwirken, Veränderungen in einem System voranzutreiben. Nicht etwa, weil immer 'mal Menschen im Netz oder Risse im Panzer des Systems stecken, sondern weil wir mittendrin sind, also von innen her agieren können.
Menschen sind das Leben, sind das Verändern und Sterben menschlicher Strukturen (der geschaffenen Systeme). Vor allem, wenn Menschen gemeinsam (als Gruppe: Arbeitsgruppe, Aktionsgruppe, Team) Dinge unternehmen, die bestehende Muster festigen, ihnen genau entgegengesetzt sind oder leicht davon abweichen.
Sechs Faktoren spielen mit bei der Kunst, in der Gesellschaft, einer Organisation, einem Team oder einer Familie Veränderungen in Gang zu bringen:

1. Aufklärung oder Bewußtwerdung;
2. der Zeitfaktor;
3. Umschalten von „bekämpfen“ auf „etwas tun“;
4. mit dem vorhandenen Material arbeiten;
5. Kräfte bündeln;
6. Strategie.

1. Aufklärung und Bewußtwerdung

Kurskorrektur oder -änderung ist erst dann möglich, wenn man seinen Standort im größeren Zusammenhang kennt und wenn man weiß, welchen Weg die Organisation oder die Gesellschaft geht. Normen und Verhaltensmuster neu auszurichten ist erst möglich, wenn man sie kennt und erkennt, daß sie auch die eigenen Normen sind, weil man nach ihnen lebt, sich gegen sie auflehnt oder versucht, ihnen zu entgehen.

Du hast nur dort Macht über Strukturen, wo deine Berührungspunkte mit diesen Strukturen liegen. Wo du ein Teil von ihnen bist – und es weißt.

Aufklärung und Bewußtwerdung sind deshalb immer der erste Schritt. Diesen Schritt tust du, indem du fragst:

☐ Wo ist mein Ort und mein Anteil im Zusammenhang?

☐ Wohin zielen diese Politik oder die Entwicklungen, an die wir unsere Fragen haben? In welche Richtung bringt uns das (Beispiel: Die Politik im Blick auf Arbeitslose ...)?

☐ Welche Interessen und Interessengruppen spielen hierbei eine Rolle? Welche Interessen geraten dadurch in schwierige Situationen, und welche Gruppe hat Vorteile von dieser Politik oder Amtsführung?

☐ Welchen Einfluß hat das auf unsere Art zu denken, zu handeln, zu urteilen (etwa im Blick auf Arbeit, unbezahlte Arbeit oder arbeitslose Menschen)?

☐ Daraus ergibt sich die Frage: Wollen wir das überhaupt? Was kann man hiervon gutheißen und was nicht (Beispiel: die veränderte Arbeitsethik gutheißen, die wachsende Kluft zwischen Menschen unterschiedlicher Kategorien jedoch nicht)?

☐ Wo liegt unsere Macht, an diesem Punkt etwas zu verändern (Beispiel: durch Unterricht, Erziehung, Relativierung des eigenen Berufs, Aufstellen von Projekten, die nicht den gleichen Gesetzen unterworfen sind, usw.)?

☐ Was und wer sind hierin unsere Bundesgenossen? Wo gibt es Querverbindungen zu gleichgesinnten und interessierten Menschen? In welchen Punkten könnten wir zusammenarbeiten mit denen, die zwar in manchen Einzelheiten unsere Gegner sind, aber doch auf anderen Gebieten Mitstreiter sein könnten?

2. Der Zeitfaktor

Steckt man sich nun aber das Ziel, in einem größeren System Veränderungen zu erreichen, dann muß man sehr viel mehr Zeit und Umsicht einsetzen. Ein größerer und komplexerer Körper widersetzt sich naturgemäß schnellen Veränderungen. Das hätte Konsequenzen für seine Teilsysteme und für die Umwelt. Konsequenzen, die nicht gleich durchschaut werden können oder denen man sofort begegnen könnte.

Schnell den Starter zu ziehen und viel Gas zu geben garantiert noch keinen schnellen Start des Autos, sondern eher aufspritzenden Kies, viel Lärm und Reifenverschleiß. Große Lastkähne brauchen manchmal einige Kilometer, um abzubremsen oder zu wenden.

Zellen ändern sich innerhalb einer Woche. Ein Gewebe oder ein Organ kann sich im Laufe von Monaten oder Jahren umwandeln oder regenerieren und gesunden. Veränderungen in Familien ziehen sich oft über Generationen hin, unser Sonnensystem braucht Jahrbillionen dazu. Ein alter Fuchs (ein sehr komplexes System!) läßt seine Streiche nie.

Wenn du einen Betrieb, der im Laufe von 40 Jahren zu seinem heutigen Zustand gewachsen ist, innerhalb weniger Monate verändern willst, dann wird Kleinholz daraus. Menschen oder ganze Betriebszweige müßten dafür ausgeschaltet werden. Oder... im günstigsten Fall würde der große „Veränderer" zurücktreten und etwas anderes tun. Sobald wir das Gesetz der natürlichen Trägheit forcieren, stellen wir uns der Gesamtheit entgegen und bitten nahezu darum, ausgeschlossen zu werden. Ungeduld beim Ankurbeln struktureller Veränderungen verzögert den Prozeß. Diese Ungeduld ist weniger eine Folge idealistischen Feuereifers, sondern eher kurzsichtigen Denkens und eines Außerachtlassens der großen Zusammenhänge.

Und trotzdem gebe ich dem Bummelzug manchmal einen Tritt, damit er etwas schneller losfahren soll...

„Als ich vor einigen Jahren Sozialarbeiter wurde, waren meine Ideale: ‚Ich werde zu verhindern suchen, daß sich Mitarbeiter an autoritärem Verhalten anderer wundstoßen, an Manipulation, an Konflikten, an falschen Versprechungen. Ich will verhindern, daß Menschen mit dem Rücken gegen die Wand kämpfen müssen und daß Reorganisation zu viel kaputt macht.'

Ich habe erfahren, daß solche Ideale nicht die erwarteten Resultate erbringen. Ich bin damit ins Bodenlose geraten... Dieser Betrieb hat eine Geschichte, er hat sich seit Jahren in einer bestimmten Richtung entwikkelt, seit viel mehr Jahren, als ich dort arbeite. Mein Verantwortungsbewußtsein (eine Art Sucht der Selbstbestätigung?), das von meinen Idealen her einiges verändern möchte – möglichst recht bald –, verursacht bei mir ein Gefühl der Ohnmacht. Das kommt daher, daß ich die Sache von außen her betrachte – von meinen Idealen her. Deshalb meine ich, daß die ganze Entwicklung so zäh und langsam vorangeht...
Ich will versuchen, mit anderen Augen zu sehen. Ich bin einer der Mitarbeiter im Betrieb. So wie der Betrieb jetzt mit allen seinen Arbeitnehmern funktioniert, so wie ich ihn jetzt erfahre, das sind die Gegebenheiten. Danach scheint es mir nicht ehrlich zu sein, wenn ich anfange, mit Idealvorstellungen herumzuexperimentieren wie etwa mit dem „Sanieren von Mißständen". Dann sieht es nämlich so aus, als sei ich derjenige, der macht, daß alles so wirkt, wie es jetzt wirkt. Ich dulde es auch nicht mehr, daß Menschen von mir erwarten, daß ich so mal eben die Mißstände beseitigen werde..." (M. A.)

3. Umschalten von „bekämpfen" auf „etwas tun"

Wenn wir verschiedenes in der Gesellschaft, dem Betrieb oder der Familie verändern wollen, dann sehen wir an erster Stelle ganz klar, wie es nicht sein soll: Ich bin dagegen; ich bin damit nicht einverstanden. Der Protest gegen den bestehenden (Miß-) Zustand ist die erste Reaktion. Aber wenn man uns dann fragt: „Wie soll es denn nun sein?", können wir uns nicht mehr so ganz klar ausdrücken.
Ausschließlich gegen etwas anzukämpfen ist eine unfruchtbare Angelegenheit. Ganz sicher, wenn es sehr lange dauert: „Die Wand bleibt immer stehen, wenn man auch noch so oft mit dem Kopf dagegen anrennt."
Wenn du dir als Lebensaufgabe die Bekämpfung der Pornografie stellst, dann beschäftigst du dich nur noch mit Pornografie – damit sind dann dein Geist, deine Zeit, dein Leben ausgefüllt. Man produziert, was man bekämpft. Abschreckungsraketen aufzustellen als Reaktion auf aufgestellte Abschreckungsraketen der Nachbarn bedeutet nur, daß noch mehr Abschreckungsraketen aufgestellt werden.
Veränderungen erreichen zu wollen, indem man die bestehenden Verhältnisse bekämpft, heißt nur, noch mehr Übel zu verursachen; selbst wenn es uns gelingen sollte, unsere Widersacher auszu-

schalten. Die bösen Kräfte agieren dann nur von einer anderen Operationsbasis aus. Lösungen durch Machtmittel bringen niemals echte Lösungen. Das Matriarchat ist ebenso widerwärtig wie das Patriarchat. Der Machtkampf eskaliert. Machtmittel haben einen ähnlichen Effekt wie ein defekter Tischtennisball: Die Delle, die man an einer Stelle ausbeult, drückt sich an anderer Stelle wieder ein. Man sollte eher versuchen, das, was man wirklich möchte, auch zu erreichen. Und wäre es zunächst auch noch so wenig. Vor allem darf man nicht glauben, daß das erst möglich sein wird, wenn die gegenwärtige Struktur beseitigt ist (z. B.: das derzeitige Kabinett). Man muß etwas tun, was den Teufelskreis des Machtkampfes durchbricht.

Dazu braucht man allerdings einen Punkt außerhalb dieses negativen Kreises. Man braucht einen Ansatzpunkt, um handeln zu können, um einen Prozeß auszulösen, der nicht an die früheren starren, eingefahrenen Gleise gebunden ist, einen Prozeß, der deshalb auch nicht „einkalkuliert" werden kann, weil er seine Energie aus dem Unerwarteten schöpft.

Aus diesen Gründen ist eine Therapie dann selbst eine Krankheit, wenn sie um Hilfe bittende Menschen mit Namen der Krankheiten abstempelt: neurotisch, psychotisch, depressiv, anorektisch... Das hört sich an, als müßte man etwas in ihnen bekämpfen und auslöschen; ihre gesunden Kräfte werden schon im voraus ausgeschaltet, während man doch sehr vorsichtig mit diesen gesunden Kräften haushalten sollte, besonders in schwierigen Zeiten.

„Vor zwei Jahren mußte ich eine schwere Operation über mich ergehen lassen, nun ja... Die meisten Patienten in der Abteilung des Krankenhauses litten an einem bösartigen Tumor im Kopf, ich hatte ‚nur' einen gutartigen, also durfte ich sicher nicht klagen.

Ich gönnte mir selbst vier Monate, dann wollte ich wieder alles schaffen. Im Anfang ging alles zwar etwas langsam, aber dennoch: Arbeit, Haushalt, Mann, Kinder, Freunde, Parties, Ausbildung usw. – nach einem Jahr *konnte* ich einfach nicht mehr. Ich suchte die Lösung in einem Teilzeitjob: nur noch 12 Stunden statt 28 Stunden arbeiten. Nun könnte mein Genesungsprozeß fortschreiten, dachte ich. Man versuchte es mit Physiotherapie; wieder wurden Rötngenaufnahmen gemacht, Untersuchungen, Gespräche geführt, um meinen sich ständig steigernden Beschwerden auf die Spur zu kommen. Ich blieb Patient.

Aber wenn es darauf ankam, dann war *ich* diejenige, die am eiligsten losrannte, die keine Arbeit abgeben konnte und die gerade so tat, als ob mit ihrem Kopf gar nichts geschehen sei.

Während der letzten Sommerferien (auf einsamer Insel) hatte ich kaum Beschwerden. Das machte mich stutzig ... Der Kernpunkt war der, daß ich nicht akzeptieren wollte, was mit mir geschehen war. Nur nicht nachgeben, sondern boxen und kämpfen – seitdem ich aus der Narkose erwacht war. Nur nicht zugeben, was los ist: Das paßt nicht zu mir, das entspricht mir nicht. Und auf einer unbewohnten Insel will ich nicht leben, also mußte ich doch schließlich etwas unternehmen. Aber was?
Seit einigen Monaten habe ich nachgegeben, ich stelle mich der Wahrheit. Ich lasse die Folgeerscheinungen der Krankheit zu. Das tut mir leid, aber ich bemitleide mich nicht. Ab und an packt mich zwar ein richtiger Zorn, aber ich bin nicht mehr in einem fort übelgelaunt, ohnmächtig und Opfer. Mein Tempo ist reduziert. Und das wichtigste ist: Ich entdecke wieder, was um mich her geschieht, seitdem mein Interesse nicht mehr nur auf meinen Widerstand ausgerichtet ist." (J. v. K.)

„Vor etwa acht Jahren distanzierte ich mich heftig von der Frauenbewegung. Ich betrachtete es als meine Pflicht, mich ganz für Mann und Kind und häusliche Gemütlichkeit einzusetzen. Die Tatsache, daß ich mir selbst die Forderung stellte, zu jeder Zeit einsatzbereit zu sein, brachte mich schließlich in einen sehr überreizten Zustand. Ich fühlte mich ohnmächtig und zornig, denn ich war dadurch in eine Situation geraten, an der nichts mehr zu verändern war.

Eine ganze Weile später kam ich, auf Umwegen, doch noch in Berührung mit einer Frauengruppe. Aber nun verfiel ich ins andere Extrem: Nichts und niemand konnte genügen. Alles war sexistisch oder unterdrückend. Ich forderte von den Menschen meiner Umgebung, daß sie alles, was in ihrem Verhalten nicht „frauenfreundlich" war, sofort verändern sollten.
Das mißlang natürlich vollständig. Ich wurde wieder aufs äußerste überreizt und fühlte mich machtlos und voller Groll.
Seit dem vergangenen Jahr ändert sich aber etwas. Ich will auf meine eigene Weise Schritte unternehmen, die mir notwendig erscheinen, um mehr Gleichberechtigung zu erzielen. Nun komme ich mir nicht mehr so machtlos ausgeliefert vor und habe es nicht mehr nötig, ständig wie ein Kampfhahn auf andere einzuhacken." (M. v. P.)

4. Mit dem vorhandenen Material arbeiten

Wir nehmen unseren eigenen Aktionen zu Veränderungen jegliche Stoßkraft, wenn wir uns immer nur damit aufhalten, „was sein sollte" und was wir „wollen sollten". Dann verkrampfen wir uns, ziehen das Kinn zurück und halten den Atem an. Das erwünschte Ziel ist der Wegweiser, aber es ist noch keine Tatsache geworden, es sei denn in unserem Kopf: das Projekt, die Wunschphantasie. Die projizierte Wunschvorstellung bekommt erst Realitätswert in

den kleinen Schritten, die wir in die gewünschte Richtung machen. Kraft bekommen wir, wenn wir Veränderungen erreichen wollen: durch positive Beachtung dessen, was ist; sich beschäftigen mit dem, was bereits vorhanden ist; die Gegebenheiten untersuchen; gemeinsam mit anderen Menschen die Mechanismen entdecken, die hier am Werke sind. Dann werden wir keine wehrlosen Opfer der Verhältnisse mehr sein. Wir müssen herausfinden, worin unser Anteil, also auch unser Machtpotential an der bestehenden Situation liegt. (Vgl. dazu: „Jeder ist seines Unglücks Schmied", Burckhardthaus-Laetare Verlag, 1984.)
Mit dieser Grundlage können wir Schritte auf ebener Erde machen. Schritte, die der Größe unserer Füße angemessen sind. Und wir gehen sie in die gewünschte Richtung. Dein eigenes Schrittmaß kannst du nämlich recht lange durchhalten, es gibt dir Befriedigung und Sicherheit, die notwendig sind für jeden einzelnen Folgeschritt. Was du auf diese Weise tust, ist dir eigen. Das ist etwas völlig anderes, als immer nur zu versuchen, das zu tun, was du sollst. Welcher Schritt liegt innerhalb meiner Macht? Das heißt: Was kann ich mir zutrauen im Blick auf meine Gesundheit, meine Finanzen, mein volles Tagewerk und mit diesen Kollegen?

„Bei jeder weiteren Räumung eines wohnbesetzten Hauses haben die Hausbesetzer häufig sich selbst und ihre Freunde besonders mutlos gemacht, indem sie sich total auf die 'Übermacht der Militärpolizei im Sold spekulierender Banken' fixierten, indem sie auf die Macht sahen, die ihnen fehlte, die die Gegenpartei aber wohl besaß. Diese Art, gebannt auf etwas zu schauen, macht den Menschen machtlos und ratlos und treibt ihn manchmal zu Gewalt, Rache und Zerstörungen.
Es gibt jedoch auch eine andere Art des Schauens. Diese hat tatsächlich reale Erfolge für die Bewegung der Hausbesetzer eingebracht. Indem sie die Macht einsetzten, die sie doch auch auf ihre Art wirklich hatten, konnten sie immer mehr die Unterstützung der öffentlichen Meinung für sich verbuchen, und das ist etwas, dem eine Gemeindeverwaltung auch Rechnung tragen muß. Sie konnten mit Hausbesetzern anderer großer Städte internationalen Kontakt bekommen und von ihnen lernen. Sie haben darauf geachtet, gute Rechtshilfe zu bekommen. Sie haben erreicht, daß anerkannte Richtlinien erlassen wurden, nach denen das Hausbesetzen unter gewissen Umständen nicht verhindert werden darf, und auf diese Art die Wohnungsbeschaffung in einzelnen Fällen sogar subsidiiert wurde.
Das alles sind positive Dinge, die mit vorhandenem Material aus der bestehenden Ordnung geschaffen wurden. Und sie sind nicht einfach wieder rückgängig zu machen..." (B.)

5. Kräfte bündeln

Einigkeit macht stark. Jeder für sich erreicht nur wenig. Die Erkenntnis, daß viele Probleme kollektive Probleme sind, nimmt dem einzlenen Individuum viel von dem Druck seines Ohnmachtsgefühls. Ein kollektiver Ansatz in der Behandlung der Probleme folgt daraus als logische Konsequenz. Gleichzeitig wird hierdurch auch das individualistische Macht- und Rivalitätsdenken durchbrochen. Man braucht nicht mehr gegen alle Gewalt irgendwelche tragischen Ein-Mann-Aktionen zu starten. Du gehörst irgendwo dazu und darfst dich deshalb auch anderen anschließen.

„Vor zehn Jahren arbeitete ich in einer Universitätsklinik. Ich war allein für die Abteilung der Hautkrankheiten zuständig. Ich fühlte mich vorwiegend zornig und empört darüber, wenn ich erfuhr, mit welchen Machtgelüsten Patienten manchmal behandelt wurden. Heftig kämpfte ich gegen das, was ich als 'Unrecht' betrachtete. Manchmal gelang es mir, einzelne Patienten mehr für sich selbst verantwortlich werden zu lassen. Gleichzeitig brachte ich die leitenden Ärzte gegen mich auf. Allmählich fühlte ich mich selber zu einem einzigen dicken „Zornbrocken" werden.
Man kündigte mir, weil ich 'nicht in das Bild der Klinik paßte'. Auch dagegen kämpfte ich an und blieb. Als ich ein Jahr später aus eigenem Entschluß fortging, dachte ich: „Nie wieder in die Krankenpflege..."
Im vergangen Jahr stellte ich fest, daß mich die Arbeit für kranke Menschen doch nicht losläßt. Deshalb habe ich vor, zurückzugehen. Ich spüre, daß bei mir kein Gefühl der Wut und der Ohnmacht mehr steckt. Ich glaube nicht mehr, daß Ärzte eo ipso und per definitionem nur 'aufs Geld fixierte, autoritäre, an Bettenbelegung interessierte Machtautokraten' sind.
Allerdings werde ich nicht mehr irgendwo ganz allein anfangen zu arbeiten, weil die Gefahr, daß ich mich wieder in das alte Verhaltensmuster verliere, immer noch sehr groß ist. Aber ich glaube inzwischen, daß Menschen und Ideen sich auch innerhalb von Institutionen finden können, selbst wenn diese wie Hochburgen der Macht wirken und sich manifestieren – also sogar auch innerhalb des Gesundheitswesens.
Außerdem sollte ich vielleicht lieber auf eigene spektakuläre Erfolge verzichten, die dermaßen gegen den Strich laufen könnten und einem Schritt vor, zwei Schritten zurück gleichkämen.
Ist dies eine Wunschvorstellung aus dem Wolkenkuckucksheim oder eine handfeste, realisierbare Möglichkeit?" (I. d. V.)

6. Strategie

Es gibt einen Ort, an dem das kleine Teilsystem und das große Gesamtsystem zusammenfallen. Die Gruppe, die Veränderung erreichen will, trifft hier auf die zu verändernde Struktur. Nur eine Strategie, die hier ansetzt, hat eine Chance auf Erfolg.
Der *erste Schritt* ist: bewußt werden und bewußt machen, was überhaupt läuft, den Gegebenheiten Rechnung tragen. Erst dann kannst du bewußt etwas anderes oder das Gleiche wollen.
Ein *zweiter Schritt* ist der, daß du positive Schritte einleitest von deinem Ort aus, an dem du Verantwortung trägst für und Einfluß ausüben kannst auf das Ganze. Es geht nicht darum, gegen etwas zu kämpfen – sondern darum, etwas mit der gegebenen Situation anzufangen. Nicht allein, sondern gemeinsam mit anderen. Nicht nur zusammen mit Gleichgesinnten, sondern so viel wie möglich gemeinsam mit allen, die im selben Boot sitzen.

Übung: Bewältigung von Engpässen im Betrieb und in der Gesellschaft

Die folgende Übung ist in erster Linie für Probleme innerhalb einer Organisation geschrieben worden. Sie gilt jedoch gleichermaßen für die Bewältigung von Problemen und Behinderungen in der Gesellschaft.
Man muß diese Übung allerdings mit Kollegen aus demselben Betrieb machen. Sich alleine daran zu wagen, kann allenfalls ein Beginn sein.

■ *Erster Schritt:* Formulieren des Problems als aussichtsloser Situation

Zeichne eine Wolke und schreibe das Problem hinein: eine Sache, unter der ihr (Kollegen oder Hausgenossen) leidet, und was für euch Grund zur Klage (oder zum Nörgeln) ist. Benutze einen oder mehrere der unten angegebenen Ansätze zur Formulierung:

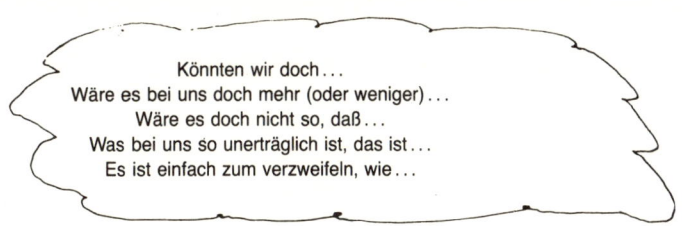

Könnten wir doch ...
Wäre es bei uns doch mehr (oder weniger) ...
Wäre es doch nicht so, daß ...
Was bei uns so unerträglich ist, das ist ...
Es ist einfach zum verzweifeln, wie ...

■ *Zweiter Schritt:* Was nicht ist, was wir uns aber wünschen

Formuliere das, was du möchtest nun in positiven Ausdrücken. Schreibe so konkret wie möglich (wiederum in einer Wolke, denn es ist bis jetzt noch ein Wunschtraum und keine Realität).

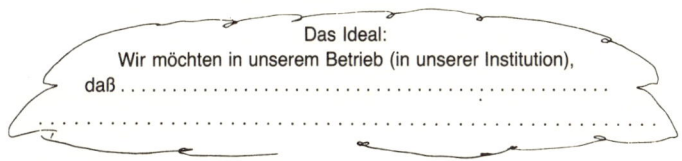

Das Ideal:
Wir möchten in unserem Betrieb (in unserer Institution),
daß ....
....

■ *Dritter Schritt:* Das, was ist: die Fakten, die harten Tatsachen

Schematisiere die Situation auf verschiedenen Ebenen, so wie sie ist – nicht so, wie du sie dir wünschst.

Registrieren der Situation

1	2	3	4	5	6
Auf emotioneller Ebene:	Auf der Beziehungsebene:	Auf organisatorischem Gebiet:	Auf größerer gesellschaftlicher oder politischer Ebene:	Objektive Nachteile der gegebenen Situation, um das erwünschte Ideal zu erreichen:	Vorteile, die die unerwünschte Situation auch hat:

Beispiele:
Zu 1. Erschöpfung nach Mitarbeiterbesprechungen; Leibschmerzen und Zorn; Türenschlagen; Herzklopfen, wenn Punkt X wieder zur Debatte steht ...
Zu 2. F spricht nicht mehr mit S und P; Konkurrenzkämpfe; Untergruppierungen von Andersdenkenden ...

Zu 3. Einfache Mehrheitsbeschlüsse eines Mitarbeiterstabes bestimmen über Aufgaben kleiner Abteilungen, ohne daß man weiß, worum es eigentlich geht...
Zu 4. Die Wirtschaftslage; Einsparungen; Sicherstellung des eigenen Arbeitsplatzes in Krisenzeiten.
Und so weiter.

■ *Vierter Schritt:* Neuformulierung des Ideals als eines erstrebenswerten realen Ziels (das Aussicht auf Erfolg hat)

Nach dem „Inventarisieren der Tatsachen", das heißt: nach dem Registrieren der Situation auf den verschiedenen Ebenen (als Ganzes) ist es nun möglich, die Wunschvorstellung umzuformulieren als reales Ziel. Als eine Richtschnur, an die wir uns halten wollen. Vielleicht ist das realistischer als der erste und der zweite Schritt? – „Wir möchten in unserem Betrieb, (in unserer Institution) daß..."
(Beachte, daß in dieser Formulierung nicht die geringste Klage oder Ohnmacht durchklingt, und daß das Ziel sachlich, konkret und umgrenzt beschrieben wird. Also nicht etwa: „Ein wenig mehr dies oder jenes", sondern schränke dieses „wenig" ein und benenne es genau.)

■ *Fünfter Schritt:* Die bereits vorhandene gute Kursrichtung

Wir hätten in unserem Betrieb gerne, daß...

Schreibe auf, welche Schritte in die „gute" Richtung bereits in der Organisation unternommen wurden. Möglicherweise sind es nur minimale Schritte. Vielleicht sind sie sogar für diejenigen in Gang gesetzt worden, die wir eigentlich als unsere Gegenspieler betrachten. Es ist gleichgültig, wie gering uns die Schrittchen erscheinen und wieviel Mühe es uns kostet, sie zu erkennen und zu schätzen.

■ *Sechster Schritt:* Der Arbeitsplan

a) Prüfe zusammen mit Kollegen oder Betroffenen, die im selben Boot sitzen, welche gemeinsamen Schritte oder Aktionen ihr in Zukunft auf das gewünschte Ziel hin unternehmen könnt; Schritte und Aktionen, die nun wirklich erreichbar sind.
b) Formuliere in gemeinsamer Überlegung mit den anderen das angestrebte Ziel und den zugehörigen Arbeitsplan.
c) Triff sachliche Vereinbarungen im Blick auf kleine, erreichbare Schritte in die gewünschte Richtung.

Ausgewählte Literatur

a) Autoren, die mich zum „Umgang mit Träumen“ inspirierten: Freud, Jung, Perls, Hall und Faraday.

Dank an *Freud,* weil er den Wert der Träume hervorhob;
- an *Jung*, der die Träume mit der je eigenen Lebensweise in Zusammenhang brachte und dafür plädierte, mit den eigenen Träumen umzugehen;
- an *Perls*, der seine unmittelbare Methode der subjektiven Trauminterpretation mit der Erkenntnis in Verbindung brachte, daß Emotionen Antrieb des Verhaltens sind;
- an *Hall*, wegen seiner einfachen Grundregeln, mit Träumen umzugehen;
- an *Faraday*, weil sie so viele praktische Untersuchungen machte und diese Untersuchungen so ordnete, daß andere sie als Leitfaden benutzen können.

Einige Titel:

Ann Faraday, Die positive Kraft der Träume, München 1984
–, Deine Träume – Schlüssel zur Selbsterkenntnis. Ein psychologischer Ratgeber, Frankfurt 1980
Sigmund Freud, Die Traumdeutung, Frankfurt [13]1984
Carl Gustav Jung/Marie L. von Franz (Hg.), Der Mensch und seine Symbole, Freiburg [6]1982
Fritz Perls, Grundlagen der Gestalttherapie. Einführung und Sitzungsprotokolle (Leben lernen 20), München [5]1982

b) allgemein:

Bruno-Paul de Roeck, Gras unter meinen Füßen. Gestalttherapie für jedermann, Gelnhausen/Berlin 1982
–, Dein eigener Freund werden. Wege aus der Lauernuß, Gelnhausen 1983
–, Jeder ist seines Unglücks Schmied. Rezepte, um sich selbst in Schwierigkeiten zu bringen, Offenbach 1984
–, Gut und Böse. Ethik in der Gestalttherapie, Offenbach 1985
Paul Watzlawick, Anleitung zum Unglücklichsein, München 1985